漢字って楽しい！

漢字の歴史《れきし》は三千年以上《いじょう》とも
いわれています。
最初《さいしょ》は、簡単《かんたん》な絵文字でした。
そのうち、それらを
組み合わせて、新しい漢字が
作られたのです。
一字一字の漢字に歴史がある、
そう思うと、漢字の学習が
楽しくなってきませんか。

「漢検」級別 主な出題内容

10級 …対象漢字数 80字
漢字の読み／漢字の書取／筆順・画数

9級 …対象漢字数 240字
漢字の読み／漢字の書取／筆順・画数

8級 …対象漢字数 440字
漢字の読み／漢字の書取／部首・部首名／筆順・画数／送り仮名／対義語／同じ漢字の読み

7級 …対象漢字数 642字
漢字の読み／漢字の書取／部首・部首名／筆順・画数／送り仮名／対義語／同音異字／三字熟語

6級 …対象漢字数 835字
漢字の読み／漢字の書取／部首・部首名／筆順・画数／送り仮名／対義語・類義語／同音・同訓異字／三字熟語／熟語の構成

5級 …対象漢字数 1026字
漢字の読み／漢字の書取／部首・部首名／筆順・画数／送り仮名／対義語・類義語／同音・同訓異字／誤字訂正／四字熟語／熟語の構成

4級 …対象漢字数 1339字
漢字の読み／漢字の書取／部首・部首名／送り仮名／対義語・類義語／同音・同訓異字／誤字訂正／四字熟語／熟語の構成

3級 …対象漢字数 1623字
漢字の読み／漢字の書取／部首・部首名／送り仮名／対義語・類義語／同音・同訓異字／誤字訂正／四字熟語／熟語の構成

準2級 …対象漢字数 1951字
漢字の読み／漢字の書取／部首・部首名／送り仮名／対義語・類義語／同音・同訓異字／誤字訂正／四字熟語／熟語の構成

2級 …対象漢字数 2136字
漢字の読み／漢字の書取／部首・部首名／送り仮名／対義語・類義語／同音・同訓異字／誤字訂正／四字熟語／熟語の構成

準1級 …対象漢字数 約3000字
漢字の読み／漢字の書取／故事・諺／対義語・類義語／同音・同訓異字／誤字訂正／四字熟語

1級 …対象漢字数 約6000字
漢字の読み／漢字の書取／故事・諺／対義語・類義語／同音・同訓異字／誤字訂正／四字熟語

※ここに示したのは出題分野の一例です。毎回すべての分野から出題されるとは限りません。また、このほかの分野から出題されることもあります。

日本漢字能力検定採点基準 最終改定：平成25年4月1日

❶ 採点の対象

筆画を正しく、明確に書かれた字を採点の対象とし、くずした字や、乱雑に書かれた字は採点の対象外とする。

❷ 字種・字体

① 2〜10級の解答は、内閣告示「常用漢字表」（平成二十二年）による。ただし、旧字体での解答は正答とは認めない。

② 1級および準1級の解答は、『漢検要覧 1／準1級対応』（公益財団法人日本漢字能力検定協会発行）に示す「標準字体」「許容字体」「旧字体一覧表」による。

❸ 読み

① 2〜10級の解答は、内閣告示「常用漢字表」（平成二十二年）による。

② 1級および準1級の解答には、①の規定は適用しない。

❹ 仮名遣い

仮名遣いは、内閣告示「現代仮名遣い」による。

❺ 送り仮名

送り仮名は、内閣告示「送り仮名の付け方」による。

❻ 部首

部首は、『漢検要覧 2〜10級対応』（公益財団法人日本漢字能力検定協会発行）収録の「部首一覧表と部首別の常用漢字」による。

❼ 筆順

筆順の原則は、文部省編『筆順指導の手びき』（昭和三十三年）による。常用漢字一字一字の筆順は、『漢検要覧 2〜10級対応』収録の「常用漢字の筆順一覧」による。

❽ 合格基準

級	満点	合格
1級／準1級／2級	二〇〇点	八〇％程度
準2級／3級／4級／5級／6級／7級	二〇〇点	七〇％程度
8級／9級／10級	一五〇点	八〇％程度

※部首、筆順は『漢検 漢字学習ステップ』など公益財団法人日本漢字能力検定協会発行図書でも参照できます。

日本漢字能力検定審査基準

10級

程度　小学校第1学年の学習漢字を理解し、文や文章の中で使える。

領域・内容

《読むことと書くこと》　小学校学年別漢字配当表の第1学年の学習漢字を読み、書くことができる。

《筆順》　点画の長短、接し方や交わり方、筆順および総画数を理解している。

9級

程度　小学校第2学年までの学習漢字を理解し、文や文章の中で使える。

領域・内容

《読むことと書くこと》　小学校学年別漢字配当表の第2学年までの学習漢字を読み、書くことができる。

《筆順》　点画の長短、接し方や交わり方、筆順および総画数を理解している。

8級

程度　小学校第3学年までの学習漢字を理解し、文や文章の中で使える。

領域・内容

《読むことと書くこと》　小学校学年別漢字配当表の第3学年までの学習漢字を読み、書くことができる。

- 音読みと訓読みとを理解していること
- 送り仮名に注意して正しく書けること（食べる、楽しい、後ろ　など）
- 対義語の大体を理解していること（勝つ—負ける、重い—軽い　など）
- 同音異字を理解していること（反対、体育、期待、太陽　など）

《筆順》　筆順、総画数を正しく理解している。

《部首》　主な部首を理解している。

7級

程度　小学校第4学年までの学習漢字を理解し、文章の中で正しく使える。

領域・内容

《読むことと書くこと》　小学校学年別漢字配当表の第4学年までの学習漢字を読み、書くことができる。

- 音読みと訓読みとを正しく理解していること
- 送り仮名に注意して正しく書けること（等しい、短い、流れる　など）
- 熟語の構成を知っていること
- 対義語の大体を理解していること（入学—卒業、成功—失敗　など）
- 同音異字を理解していること（健康、高校、公共、外交　など）

《筆順》　筆順、総画数を正しく理解している。

《部首》　部首を理解している。

6級

程度　小学校第5学年までの学習漢字を理解し、文章の中で漢字が果たしている役割を知り、正しく使える。

領域・内容

《読むことと書くこと》　小学校学年別漢字配当表の第5学年までの学習漢字を読み、書くことができる。

・音読みと訓読みとを正しく理解していること
・送り仮名や仮名遣いに注意して正しく書けること（求める、失う　など）
・熟語の構成を知っていること（上下、絵画、大木、読書、不明　など）
・対義語、類義語の大体を理解していること（禁止―許可、平等―均等　など）
・同音・同訓異字を正しく理解していること

《筆順》　筆順、総画数を正しく理解している。

《部首》　部首を理解している。

5級

程度　小学校第6学年までの学習漢字を理解し、文章の中で漢字が果たしている役割に対する知識を身に付け、漢字を文章の中で適切に使える。

領域・内容

《読むことと書くこと》　小学校学年別漢字配当表の第6学年までの学習漢字を読み、書くことができる。

・音読みと訓読みとを正しく理解していること
・送り仮名や仮名遣いに注意して正しく書けること
・熟語の構成を知っていること
・対義語、類義語を正しく理解していること
・同音・同訓異字を正しく理解していること

《四字熟語》　四字熟語を正しく理解している（有名無実、郷土芸能　など）。

《筆順》　筆順、総画数を正しく理解している。

《部首》　部首を理解し、識別できる。

4級

程度　常用漢字のうち約1300字を理解し、文章の中で適切に使える。

領域・内容

《読むことと書くこと》　小学校学年別漢字配当表のすべての漢字と、その他の常用漢字約300字の読み書きを習得し、文章の中で適切に使える。

・音読みと訓読みとを正しく理解していること
・送り仮名や仮名遣いに注意して正しく書けること
・熟語の構成を正しく理解していること
・熟字訓、当て字を理解していること（小豆／あずき、土産／みやげ　など）
・対義語、類義語、同音・同訓異字を正しく理解していること

《四字熟語》　四字熟語を理解している。

《部首》　部首を識別し、漢字の構成と意味を理解している。

3級

程度　常用漢字のうち約1600字を理解し、文章の中で適切に使える。

領域・内容

《読むことと書くこと》　小学校学年別漢字配当表のすべての漢字と、その他の常用漢字約600字の読み書きを習得し、文章の中で適切に使える。

・音読みと訓読みとを正しく理解していること
・送り仮名や仮名遣いに注意して正しく書けること
・熟語の構成を正しく理解していること
・熟字訓、当て字を理解していること（乙女／おとめ、風邪／かぜ　など）
・対義語、類義語、同音・同訓異字を正しく理解していること

《四字熟語》　四字熟語を理解している。

《部首》　部首を識別し、漢字の構成と意味を理解している。

※常用漢字とは、平成22年（2010年）11月30日付内閣告示による「常用漢字表」に示された2136字をいう。

準2級

程度　常用漢字のうち1951字を理解し、文章の中で適切に使える。

領域・内容

《読むことと書くこと》　1951字の漢字の読み書きを習得し、文章の中で適切に使える。

・音読みと訓読みとを正しく理解していること
・送り仮名や仮名遣いに注意して正しく書けること
・熟語の構成を正しく理解していること
・熟字訓、当て字を理解していること（硫黄／いおう、相撲／すもう　など）
・対義語、類義語、同音・同訓異字を正しく理解していること

《四字熟語》　典拠のある四字熟語を理解している（驚天動地、孤立無援　など）。

《部首》　部首を識別し、漢字の構成と意味を理解している。

※1951字とは、昭和56年（1981年）10月1日付内閣告示による旧「常用漢字表」の1945字から「勺」「錘」「銑」「脹」「匁」の5字を除いたものに、現行の「常用漢字表」のうち、「茨」「媛」「岡」「熊」「埼」「鹿」「栃」「奈」「梨」「阪」「阜」の11字を加えたものを指す。

2級

程度　すべての常用漢字を理解し、文章の中で適切に使える。

領域・内容

《読むことと書くこと》　すべての常用漢字の読み書きに習熟し、文章の中で適切に使える。

・音読みと訓読みとを正しく理解していること
・送り仮名や仮名遣いに注意して正しく書けること
・熟語の構成を正しく理解していること
・熟字訓、当て字を理解していること（海女／あま、玄人／くろうと　など）
・対義語、類義語、同音・同訓異字などを正しく理解していること

《四字熟語》　典拠のある四字熟語を理解している（鶏口牛後、呉越同舟　など）。

《部首》　部首を識別し、漢字の構成と意味を理解している。

準1級

程度　常用漢字を含めて、約3000字の漢字の音・訓を理解し、文章の中で適切に使える。

領域・内容

《読むことと書くこと》　常用漢字の音・訓を含めて、約3000字の漢字の読み書きに慣れ、文章の中で適切に使える。

・熟字訓、当て字を理解していること
・対義語、類義語、同音・同訓異字などを理解していること
・国字を理解していること（峠、凧、畠　など）
・複数の漢字表記について理解していること（國―国、交叉―交差　など）

《四字熟語・故事・諺》　典拠のある四字熟語、故事成語・諺を正しく理解している。

《古典的文章》　古典的文章の中での漢字・漢語を理解している。

※約3000字の漢字は、JIS第一水準を目安とする。

1級

程度　常用漢字を含めて、約6000字の漢字の音・訓を理解し、文章の中で適切に使える。

領域・内容

《読むことと書くこと》　常用漢字の音・訓を含めて、約6000字の漢字の読み書きに慣れ、文章の中で適切に使える。

・熟字訓、当て字を理解していること
・対義語、類義語、同音・同訓異字などを理解していること
・国字を理解していること（怺える、毟る　など）
・地名・国名などの漢字表記（当て字の一種）を知っていること
・複数の漢字表記について理解していること（鹽―塩、颱風―台風　など）

《四字熟語・故事・諺》　典拠のある四字熟語、故事成語・諺を正しく理解している。

《古典的文章》　古典的文章の中での漢字・漢語を理解している。

※約6000字の漢字は、JIS第一・第二水準を目安とする。

※常用漢字とは、平成22年（2010年）11月30日付内閣告示による「常用漢字表」に示された2136字をいう。

個人受検を申し込まれる皆さまへ

協会ホームページのご案内

検定に関する最新の情報（申込方法やお支払い方法など）は、公益財団法人　日本漢字能力検定協会ホームページ https://www.kanken.or.jp/ をご確認ください。

なお、下記の二次元コードから、ホームページへ簡単にアクセスできます。

受検規約について

受検を申し込まれる皆さまは、「日本漢字能力検定 受検規約（漢検PBT）」の適用があることを同意のうえ、検定の申し込みをしてください。受検規約は協会のホームページでご確認いただけます。

1 受検級を決める

受検資格　制限はありません

実施級　1、準1、2、準2、3、4、5、6、7、8、9、10級

検定会場　全国主要都市約170か所に設置（実施地区は検定の回ごとに決定）

検定時間　ホームページにてご確認ください。

2 検定に申し込む

インターネットにてお申し込みください。

注意

①家族・友人と同じ会場での受検を希望する方は、検定料のお支払い完了後、申込締切日の2営業日後までに協会（お問い合わせフォーム）までお知らせください。

②障がいがあるなど、身体的・精神的な理由により、受検上の配慮を希望される方は、申込締切日までに協会（お問い合わせフォーム）までご相談ください（申込締切日以降のお申し出には対応できかねます）。

③申込締切日以降は、受検級・受検地を含む内容変更および取り消し・返金は、いかなる場合もできません。また、次回以降の振替え、団体受検や漢検CBTへの変更もできません。

団体受検の申し込み

自分の学校や企業などの団体で志願者が一定以上集まると、団体単位で受検の申し込みができる「団体受検」という制度もあります。団体受検申込を扱っているかどうかは先生や人事関係の担当者に確認してください。

3 受検票が届く

受検票は検定日の約1週間前から順次お届けします。

注意

①1、準1、2、準2、3級の方は、後日届く受検票に顔写真（タテ4㎝×ヨコ3㎝、6か月以内に撮影、上半身、正面、帽子やマスクは外す）を貼り付け、会場に当日持参してください。（当日回収・返却不可）

②4級～10級の方は、顔写真は不要です。

4 検定日当日

持ち物　受検票、鉛筆（HB、B、2Bの鉛筆またはシャープペンシル）、消しゴム
※ボールペン、万年筆などの使用は認められません。ルーペ持ち込み可。

注意

①会場への車での来場（送迎を含む）は、交通渋滞の原因や近隣の迷惑になりますので固くお断りします。
②検定開始時刻の15分前を目安に受検教室までお越しください。答案用紙の記入方法などを説明します。
③携帯電話やゲーム、電子辞書などは、電源を切り、かばんにしまってから入場してください。
④検定中は受検票を机の上に置いてください。
⑤答案用紙には、あらかじめ名前や生年月日などが印字されています。
⑥検定日の約5日後に漢検ホームページにて標準解答を公開します。

5 合否の通知

検定日の約40日後に、受検者全員に「検定結果通知」を郵送します。合格者には「合格証書」・「合格証明書」を同封します。
欠席者には検定問題と標準解答をお送りします。
受検票は検定結果が届くまで大切に保管してください。

進学・就職に有利！
合格者全員に合格証明書発行

大学・短大の推薦入試の提出書類に、また就職の際の履歴書に添付してあなたの漢字能力をアピールしてください。合格者全員に、合格証書と共に合格証明書を2枚、無償でお届けいたします。

合格証明書が追加で必要な場合は有償で再発行できます。

申請方法はホームページにてご確認ください。

お問い合わせ窓口

電話番号　フリーコール 0120-509-315（無料）
（海外からはご利用いただけません。
ホームページよりメールでお問い合わせください。）

お問い合わせ時間　月～金　9時00分～17時00分
（祝日・お盆・年末年始を除く）
※公開会場検定日とその前日の土曜は開設
※検定日は9時00分～18時00分

メールフォーム　https://www.kanken.or.jp/kanken/contact/

「漢検」受検の際の注意点

【字の書き方】

問題の答えは楷書で大きくはっきり書きなさい。乱雑な字や続け字、また、行書体や草書体のようにくずした字は採点の対象とはしません。

特に漢字の書き取り問題では、答えの文字は教科書体をもとにして、はねるところ、とめるところなどもはっきり書きましょう。また、画数に注意して、一画一画を正しく、明確に書きなさい。

《例》

○熱　×熱

○言　×言

○糸　×糸

【字種・字体について】

(1)日本漢字能力検定2～10級においては、「常用漢字表」に示された字種で書きなさい。つまり、表外漢字（常用漢字表にない漢字）を用いると、正答とは認められません。

《例》

○交差点　×交叉点　（「叉」が表外漢字）

○寂しい　×淋しい　（「淋」が表外漢字）

(2)日本漢字能力検定2～10級においては、「常用漢字表」に示された字体で書きなさい。なお、「常用漢字表」に参考として示されている康熙《こうき》字典体など、旧字体と呼ばれているものを用いると、正答とは認められません。

《例》

○真　×眞

○渉　×涉

○飲　×飮

○迫　×迫

○弱　×弱

(3)一部例外として、平成22年告示「常用漢字表」で追加された字種で、許容字体として認められているものや、その筆写文字と印刷文字との差が習慣の相違に基づくとみなせるものは正答と認めます。

《例》

餌 ➡ 餌　と書いても可

遜 ➡ 遜　と書いても可

葛 ➡ 葛　と書いても可

溺 ➡ 溺　と書いても可

箸 ➡ 箸　と書いても可

注意

(3)において、どの漢字が当てはまるかなど、一字一字については、当協会発行図書（2級対応のもの）掲載の漢字表で確認してください。

公益財団法人 日本漢字能力検定協会

漢検

漢検 過去問題集

5級

漢検 公益財団法人 日本漢字能力検定協会

●本書に関するアンケート●

今後の出版事業に役立てたいと思いますので、アンケートにご協力ください。抽選《ちゅうせん》で粗品《そしな》をお送りします。

◆PC・スマートフォンの場合

下記 URL、または二次元コードから回答画面に進み、画面の指示に従ってお答えください。

https://www.kanken.or.jp/kanken/textbook/past.html

◆愛読者カード（ハガキ）の場合

本書挟《はさ》み込《こ》みのハガキに切手を貼《は》り、お送りください。

目次

この本の構成と使い方

この本は、2021・2022年度に実施《じっし》した日本漢字能力検定（漢検）5級の試験問題と、その標準解答を収録したものです。

さらに、受検のためのQ&A、答案用紙の実物大見本、合格者平均得点など、受検にあたって知っておきたい情報を収めました。

□「漢検」受検Q&A

検定当日の注意事項《じこう》や、実際の答案記入にあたって注意していただきたいことをまとめました。

□試験問題（13回分）

2021・2022年度に実施した試験問題のうち13回分を収録しました。問題1回分は見開きで4ページです。

5級は200点満点、検定時間は60分です。時間配分に注意しながら、合格のめやすである70％程度正解を目標として取り組んでください。

□資料

「常用漢字表　付表」と「都道府県名」の一覧を掲載《けいさい》しました。

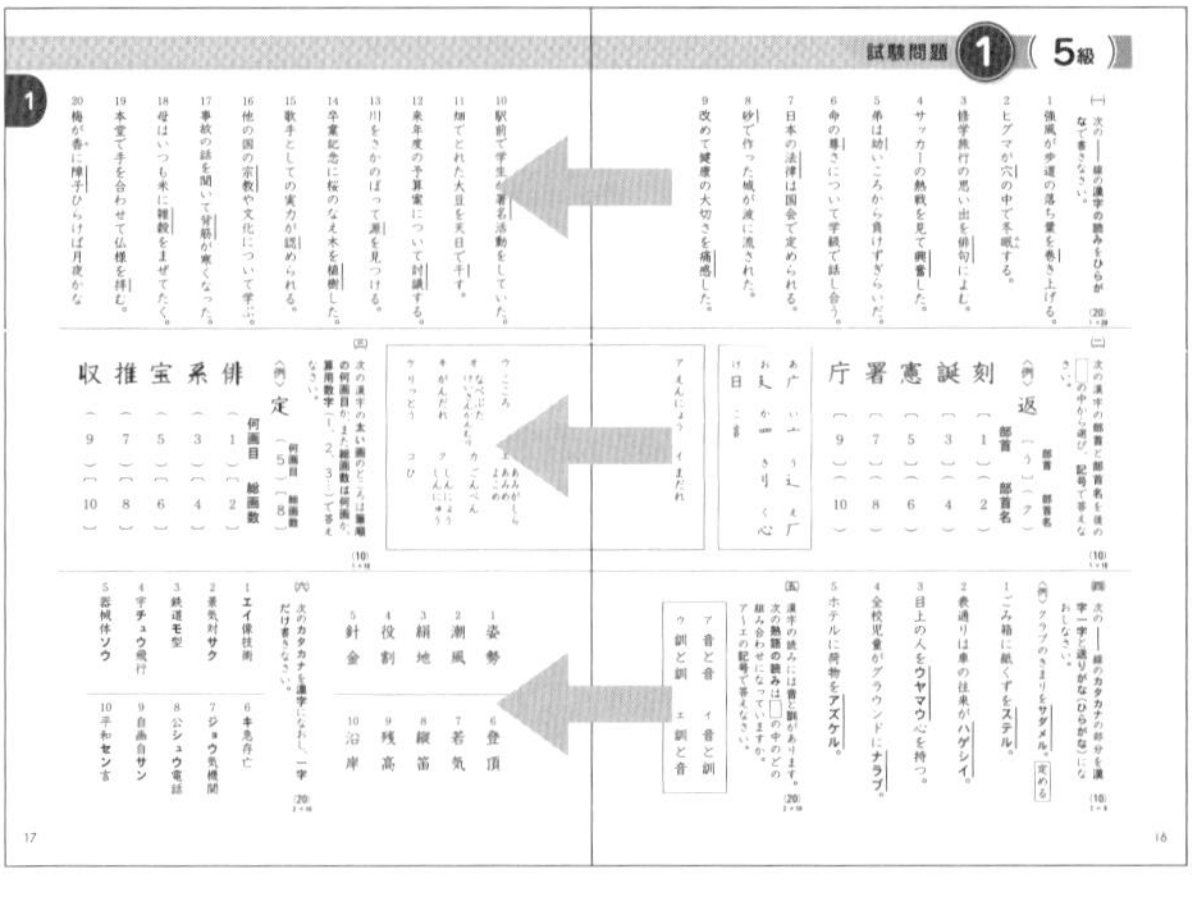

試験問題・標準解答は段ごとに右ページから左ページへ続けてご覧ください。

□答案用紙実物大見本

巻末には、検定で使う実物とほぼ同じ大きさ・用紙の答案用紙を収録。実際の解答形式に慣れることができます。問題は不許複製ですが、答案用紙実物大見本はコピーをしてお使いください。

また、日本漢字能力検定協会ホームページからもダウンロードできます。

https://www.kanken.or.jp/kanken/textbook/past.html

□別冊・標準解答

各問題の標準解答は、別冊にまとめました。1回分は見開きで2ページです。

また、試験問題**1**～**11**の解答には、㈠㈡㈢……の大問ごとに合格者平均得点をつけました。難易のめやすとしてお役立てください。

□データでみる「漢検」

「漢検」受検者の年齢《ねんれい》層別割合・設問項目《こうもく》別正答率を掲載しました。

●巻頭―カラー口絵

主な出題内容、採点基準、および審査《しんさ》基準などを掲載。

●付録―4級の試験問題・答案用紙・標準解答

4級の試験問題・答案用紙1回分を、5級の試験問題の後に収録（標準解答は別冊に収録）。

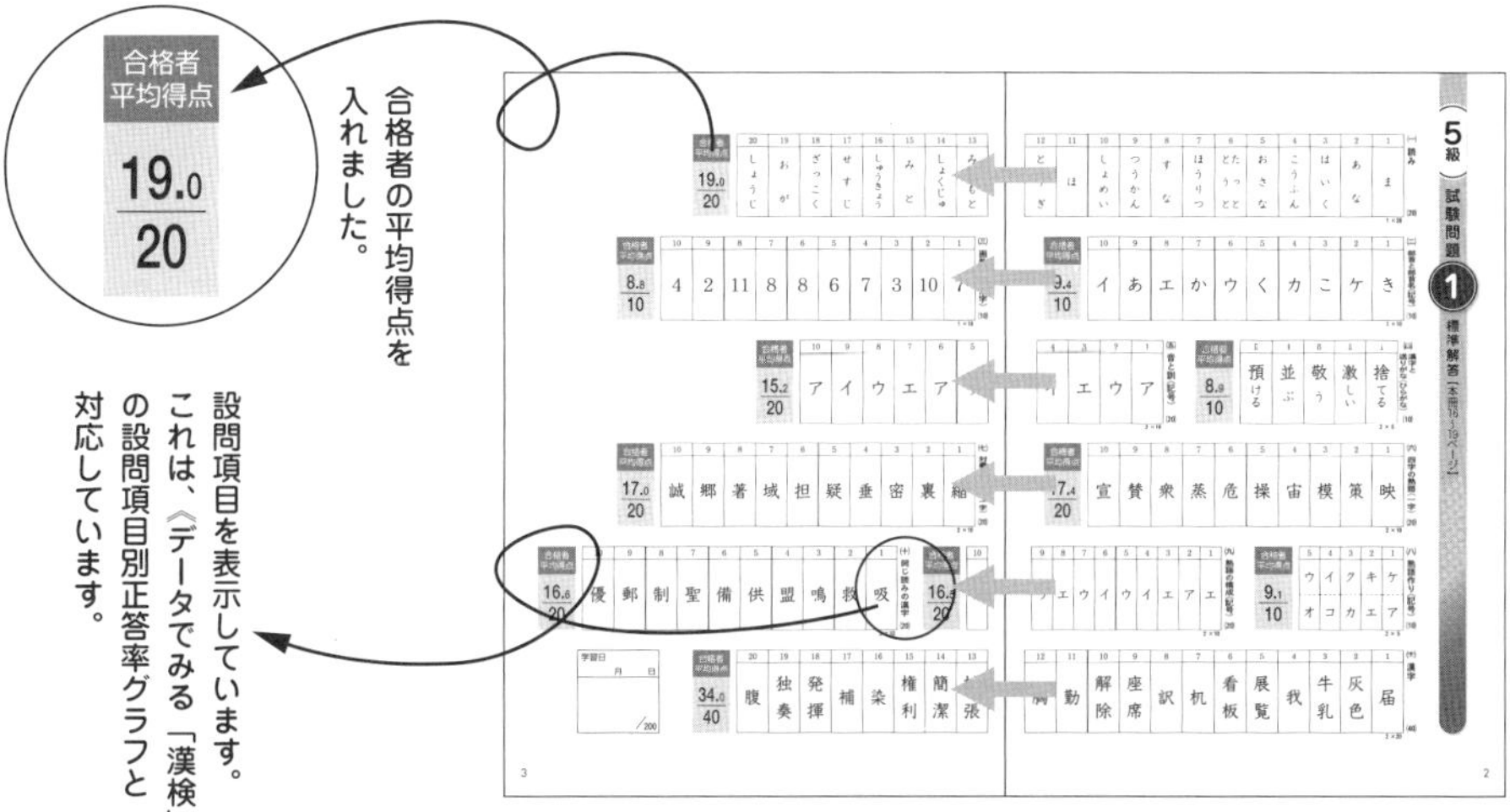
合格者平均得点
19.0
20
合格者の平均得点を入れました。
設問項目を表示しています。これは、《データでみる「漢検」》の設問項目別正答率グラフと対応しています。

「漢検」受検 Q&A

●検定当日について

Q 当日は何を持っていけばよいですか？

A 受検票（公開会場の場合）と筆記用具は必ず持ってきてください。

受検票は検定日の1週間くらい前にとどきます。

鉛筆《えんぴつ》またはシャープペンシルは、HB・B・2Bのものを使ってください。何本か多めに持っていくとよいでしょう。ボールペンや万年筆、こすって消せるペン（こすることで無色になる特別なインクを使ったペン）などを使うことはできません。

消しゴムもわすれずに持っていきましょう。

Q そのほかに注意することは何ですか？

A 検定開始の10分前から、答案用紙への記入方法などについて説明をしますので、検定開始の15分前には会場に入り、席についていてください。

けいたい電話やゲーム、電子辞書などは、電源を切り、かばんにしまってから会場に入りましょう。

席についたら、受検票と筆記用具を机の上に置いて、係員の説明をよく聞いてください。

●答案について

Q 標準解答の見方は？

A 例

無粋
不粋

「無粋」「不粋」どちらでも正解とします。

ぶんぴ
ぶんぴつ

「ぶんぴ」「ぶんぴつ」どちらでも正解とします。

Q 標準解答に、複数の答えが示されている場合、そのすべてを答えないと正解にならないのか？

A 標準解答に、複数の答えが示されている場合、そのうちどれか一つが正しく書けていれば正解とします。すべてを書く必要はありません。

なお、答えを複数書いた場合、そのなかの一つでも間違っていれば不正解としますので、注意してください。

例 問題 次の――線の**漢字の読み**を**ひらがな**で記せ。

現在の地位に執着する。

標準解答

しゅうじゃく
しゅうちゃく

解答例

しゅうじゃく……○
しゅうちゃく……○
しゅうじゃく しゅうちゃく……○
しっちゃく しゅうちゃく……×

Q 答えを漢字で書く際に注意することは？

A 漢字は、楷書で丁寧に、解答欄内に大きくはっきりと書いてください。くずした字や乱雑な字などは採点の対象外とします(※)。教科書体を参考にして、はねるところ、とめるところなどもはっきり書きましょう。

特に、次に示す点に注意してください。

①画数を正しく書く

例 様…○　様…×　糸…○　糸…×
話…○　話…×　昼…○　昼…×

②字の骨組みを正しく書く

例 堂…○　堂…×　踏…○　踏…×
独…○　独…×　想…○　想…×

③突き出るところ、突き出ないところを正しく書く

例 車…○　車…×　降…○　降…×
角…○　角…×　重…○　重…×

④字の組み立てを正しく書く

例 潔…○　潔…×　落…○　落…×
染…○　染…×　薄…○　薄…×

⑤一画ずつ丁寧に書く

例 池…○　池…×　鳥…○　鳥…×
改…○　改…×　戦…○　戦…×

⑥よく似た別の字（または字の一部分）と区別がつくように書く

例 土／士　未／末
壬／王　干／千

（※）採点の対象外とする字とは？

自分だけが読み取れれば良いメモなどとは違い、検定では誰が見ても正しく読み取れる字を書かなければ正解とはなりません。

くずした字や乱雑な字など、字体（文字の骨組み）が読み取れない字は採点の対象外とし、不正解とします。また、答案用紙は機械で読み取るため、機械が読み取らないほど薄い字も、採点の対象外です。

●採点の対象外とする字の例

・細部が潰れている字

例

優…○　優…×　曜…○　曜…×

輸…○　輸…×　厳…○　厳…×

・続け字

例

銀…○　銀…×　細…○　細…×

顔…○　顔…×　試…○　試…×

・小さい字（周りの四角は解答欄を表す）

例

確…○　確…×

悲…○　悲…×

・消したかどうかわからない部分がある字

例

暴…○　暴…×　垂…○　垂…×

休…○　休…×　専…○　専…×

・不要な部分がある字

例

危…○　危…×　水…○　水…×

属…○　属…×　糸…○　糸…×

Q 答えをひらがなで書く際に注意することは？

A 漢字を書くときと同様に、楷書で丁寧に書いてください。
特に、次に示す点に注意してください。

①バランスがくずれると区別がつきにくくなる字は、区別がつくように丁寧に書く

例 い／り　か／や　く／し
　 て／へ　ゆ／わ　い／こ

②拗音《ようおん》「ゃ」「ゅ」「ょ」や促音《そくおん》「っ」は小さく右に寄せて書く

例 いしゃ…○　いしや…×
　 がっこう…○　がつこう…×

③濁点「゛」や半濁点「゜」をはっきり書く

例 が…○　が…×　が…×
　 ぱ…○　ぱ…×　ぱ…×

④一画ずつ丁寧に書く

例 な…○　な…×　ふ…○　ふ…×
　 う…○　う…×　も…○　も…×

Q 2～10級の検定で、旧字体や「常用漢字表」に示されていない漢字（表外漢字）、歴史的仮名遣《かなづか》いを用いて答えてもよいか？

A 2～10級の解答には、常用漢字および現代仮名遣いを用いてください。旧字体や表外漢字、歴史的仮名遣いを用いた解答は不正解とします。
また、「常用漢字表」に示されていない読み（表外読み）を用いた解答も不正解とします。

例1　問題　次の――線のカタカナを漢字に直せ。
　　　　信号がテンメツしている。
　　解答例　点滅………○
　　　　　　點滅………×　「點」が旧字体

例2　問題　次の――線の漢字の読みをひらがなで記せ。
　　　　池にうっすらと氷がはる。
　　解答例　こおり………○
　　　　　　こほり………×　「こほり」は歴史的仮名遣い

例3

問題　次の――線のカタカナを漢字に直せ。

紙くずをごみ箱にステる。

解答例　捨……○

棄……×　「棄」の訓読み「す(てる)」は表外読み

Q 「遡」を「遡」、「餅」を「餅」と書いてもよいか?

A 2～10級の検定では、「常用漢字表」に示された字体を用いて答えなければなりません。ただし、例外として、平成22(2010)年告示「常用漢字表」で追加された漢字のうち、許容字体が併せて示されたものは正解とします。

「遡」や「餅」という字体はこの例外に当てはまりますので、正解となります。

Q 次の例ではどちらが正しい書き方か?

A ①

言　「言」か「言」か

条　「条」か「条」か

令　「令」か「令」か

どちらの書き方でも正解とします。

こうした違いについては、「常用漢字表」の「(付)字体についての解説」に、「印刷文字と手書き文字におけるそれぞれの習慣の相違に基づく表現の差と見るべきもの」として例示されており、字体としては同じ(どちらで書いてもよい)とされています。

②

溺　「溺」か「溺」か

頰　「頰」か「頰」か

剝　「剝」か「剝」か

どちらの書き方でも正解とします。

これらのように、印刷文字と手書き文字におけるそれぞれの習慣の相違に基づく表現の差が、字体（文字の骨組み）の違いに及ぶ場合もありますが、いわば例外的なものです。

Q 「比」「衣」「越」などは「ㇾ」と書くのか「レ」と書くのか？

A 「比」「衣」「越」などの「ㇾ」の部分は、活字のデザインにおいて、一画で書く「レ」の折れを強調したものです。

検定では、次に示す教科書体を手本にして、「レ」のように一画で書いてください。

例 衣 越 猿 仰 氏 紙 長
底 展 農 比 民 裏 留

Q 解答方法で注意することは？

A 問題文をよく読んで答えましょう。答える部分や答え方など、問題文に指定がある場合は、必ずそれに従って答えてください。問題文の指定に合っていない答えは不正解とします。

特に、次に示す点に注意してください。

① 「答えを一字書きなさい」と指定があれば「一字」のみ答える

例 問題 後の□内のひらがなを**漢字**に直して□に入れ、**四字熟語**を完成せよ。□内のひらがなは一度だけ使い、**答案用紙に一字記入**せよ。

新進気□　い・えい・えん・かん

解答例
鋭……………○
気鋭…………×
新進気鋭……×

②「ひらがなで書きなさい」と指定があれば「ひらがな」で答える

例 問題 次の――線の**カタカナ**を**漢字一字と送りがな**（ひらがな）に直せ。
交番で道を**タズネル**。

解答例 尋ねる……○ 尋ネル……×

③「算用数字で書きなさい」と指定があれば「算用数字」で答える

例 問題 次の漢字の**太い画**のところは**筆順の何画目か**、**算用数字**（1、2、3…）で答えなさい。

若

解答例 4……○ 四……×

④「――線の漢字の読みを書きなさい」と指定があれば「――線」部分のみ答える

例 問題 次の――線の**漢字の読み**を**ひらがな**で記せ。
駅の昇降口が混雑している。

解答例 しょうこう……○
しょうこうぐち……×

⑤「――線の右に書きなさい」と指定があれば「――線の右」に記入する

例 問題 つぎの――線の**漢字**の**読みがな**を――線の**右**に書きなさい。
ベランダの植木に水をやる。

解答例 ベランダの植木《うえき》に水をやる。……○
ベランダの植木《うえき》に水をやる。……×

試験問題	学 習 日	得　点
1	月　　　日	点
2	月　　　日	点
3	月　　　日	点
4	月　　　日	点
5	月　　　日	点
6	月　　　日	点
7	月　　　日	点
8	月　　　日	点
9	月　　　日	点
10	月　　　日	点
11	月　　　日	点
12	月　　　日	点
13	月　　　日	点

5級　試験問題

㈠ 次の——線の**漢字の読み**を**ひらがな**で書きなさい。 (20) 1×20

1 強風が歩道の落ち葉を巻き上げる。
2 ヒグマが穴の中で冬眠《みん》する。
3 修学旅行の思い出を俳句によむ。
4 サッカーの熱戦を見て興奮した。
5 弟は幼いころから負けずぎらいだ。
6 命の尊さについて学級で話し合う。
7 日本の法律は国会で定められる。
8 砂で作った城が波に流された。
9 改めて健康の大切さを痛感した。

㈡ 次の漢字の**部首**と**部首名**を後の□の中から選び、**記号**で答えなさい。 (10) 1×10

〈例〉 返 部首〔う〕 部首名〔ク〕

	部首	部首名
刻	〔1〕	〔2〕
誕	〔3〕	〔4〕
憲	〔5〕	〔6〕
署	〔7〕	〔8〕
庁	〔9〕	〔10〕

あ 广　い 亠　う 辶　え 厂
お 夂　か 罒　き 刂　く 心
け 日　こ 言

ア えんにょう　イ まだれ

㈣ 次の——線の**カタカナ**の部分を**漢字一字と送りがな（ひらがな）**になおしなさい。 (10) 2×5

〈例〉 クラブのきまりを**サダメル**。 定める

1 ごみ箱に紙くずを**ステル**。
2 表通りは車の往来が**ハゲシイ**。
3 目上の人を**ウヤマウ**心を持つ。
4 全校児童がグラウンドに**ナラブ**。
5 ホテルに荷物を**アズケル**。

㈤ 漢字の読みには**音**と**訓**があります。次の**熟語の読み**は□の中のどの組み合わせになっていますか。ア〜エの**記号**で答えなさい。 (20) 2×10

ア 音と音　イ 音と訓
ウ 訓と訓　エ 訓と音

10 駅前で学生が署名活動をしていた。
11 畑でとれた大豆を天日で干す。
12 来年度の予算案について討議する。
13 川をさかのぼって源を見つける。
14 卒業記念に桜のなえ木を植樹した。
15 歌手としての実力が認められる。
16 他の国の宗教や文化について学ぶ。
17 事故の話を聞いて背筋が寒くなった。
18 母はいつも米に雑穀をまぜてたく。
19 本堂で手を合わせて仏様を拝む。
20 梅が香《か》に障子ひらけば月夜かな

ウ こころ
エ あみがしら あみめ よこめ
オ なべぶた けいさんかんむり
カ ごんべん
キ がんだれ
ク しんにょう しんにゅう
ケ りっとう
コ ひ

(三) 次の漢字の**太い**画のところは**筆順の何画目**か、また**総画数は何画**か、**算用数字**（1、2、3…）で答えなさい。
(10) 1×10

〈例〉 **定** 何画目（5）総画数（8）

	何画目	総画数
俳	（1）	（2）
系	（3）	（4）
宝	（5）	（6）
推	（7）	（8）
収	（9）	（10）

1 姿勢
2 潮風
3 絹地
4 役割
5 針金
6 登頂
7 若気
8 縦笛
9 残高
10 沿岸

(六) 次の**カタカナ**を**漢字**になおし、**一字だけ**書きなさい。
(20) 2×10

1 **エイ**像技術
2 景気対**サク**
3 鉄道**モ**型
4 宇**チュウ**飛行
5 器械体**ソウ**
6 **キ**急存亡
7 **ジョウ**気機関
8 公**シュウ**電話
9 自画自**サン**
10 平和**セン**言

(七)

後の□の中のひらがなを漢字になおして、**対義語**（意味が反対や対《つい》になることば）と、**類義語**（意味がよくにたことば）を書きなさい。□の中のひらがなは**一度だけ**使い、**漢字一字**を書きなさい。

(20) 2×10

対義語

延長―短（1）
表側―（2）側
散在―（3）集
水平―（4）直
応答―質（5）

類義語

重荷―負（6）
地区―地（7）
作者―（8）者

(九)

漢字を二字組み合わせた熟語では、二つの漢字の間に意味の上で、次のような関係があります。

(20) 2×10

ア 反対や対《つい》になる意味の字を組み合わせたもの。（例…**強弱**）
イ 同じような意味の字を組み合わせたもの。（例…**進行**）
ウ 上の字が下の字の意味を説明（修飾《しょく》）しているもの。（例…**国旗**）
エ 下の字から上の字へ返って読むと意味がよくわかるもの。（例…**消火**）

次の**熟語**は、右のア～エのどれにあたるか、**記号**で答えなさい。

1 閉店
2 紅白
3 養蚕
4 自己

6 豊富
7 諸国
8 観劇
9 寸前

(十)

次の――線の**カタカナ**を**漢字**になおしなさい。

(40) 2×20

1 九州から梅の便りが**トド**く。
2 空が**ハイイロ**の雪雲でおおわれる。
3 しぼりたての**ギュウニュウ**を飲んだ。
4 満天の星の美しさに**ワレ**を忘れる。
5 **テンラン**会で日本画の大作を見た。
6 派手な**カンバン**を目印に店を探す。
7 教室の**ツクエ**の中を片づける。
8 集合時間におくれた**ワケ**を話す。
9 会場の指定された**ザセキ**に着いた。
10 夜間に大雨警報が**カイジョ**された。

帰省―帰(9)

真心―(10)意

いき・うら・ぎ・きょう・しゅく
すい・せい・たん・ちょ・みっ

(八) 後の□の中から漢字を選んで、次の意味にあてはまる**熟語**を作りなさい。答えは**記号**で書きなさい。 (10) 2×5

〈例〉本をよむこと。(読書) シ サ

1 ほしいと思う気持ち。
2 一生の終わりに近い時期。
3 けがをすること。
4 物事の始末をつけること。
5 もよおしなどが始まること。

ア 望　イ 処　ウ 開　エ 年
オ 幕　カ 傷　キ 晩　ク 負
ケ 欲　コ 理　サ 書　シ 読

5 暖流

10 因果

(十) 次の――線の**カタカナ**を**漢字**になおしなさい。 (20) 2×10

1 窓を開けて深呼**キュウ**をする。
2 難民に**キュウ**済の手を差しのべる。
3 おどろいて思わず悲**メイ**を上げた。
4 日本は国際連合に加**メイ**している。
5 先祖の墓に花を**ソナ**える。
6 明日の遠足に**ソナ**えて早くねる。
7 オリンピック会場に**セイ**火がともる。
8 **セイ**限速度を守って運転する。
9 近所の**ユウ**便局で切手を買った。
10 品質の**ユウ**良な果物を生産する。
11 兄は出版社に**ツト**めている。
12 選手の力走が人々の**ムネ**を打った。
13 歩道の**カクチョウ**工事が始まる。
14 話の要点を**カンケツ**に述べる。
15 幸せを求める**ケンリ**はだれにもある。
16 玉ねぎの皮でハンカチを**ソ**めた。
17 資源の不足を輸入で**オギナ**う。
18 試合で実力を**ハッキ**することができた。
19 ピアノの**ドクソウ**に聞きほれる。
20 **ハラ**八分に医者いらず

▼解答は別冊2・3ページ

（一） 次の――線の**漢字の読み**を**ひらがな**で書きなさい。 (20) 1×20

1 料理をいろどりよく皿に盛り付ける。
2 高原のすがすがしい空気を吸う。
3 文化遺産に登録された寺を見学する。
4 つな引きをした後、手をよく洗った。
5 牧場でしぼりたての牛乳を飲む。
6 リレーでトップとの差が縮まる。
7 キャンプの参加費は個人で負担した。
8 街頭で通行人に署名を呼びかける。
9 山の中腹にある宿にとまった。

（二） 次の漢字の**部首**と**部首名**を後の□の中から選び、**記号**で答えなさい。 (10) 1×10

〈例〉 返 〔う〕（ク） 部首 部首名

	部首	部首名
宝	〔1〕	（2）
盟	〔3〕	（4）
陛	〔5〕	（6）
憲	〔7〕	（8）
届	〔9〕	（10）

あ 日	い 皿	う 辶	え 宀	
お 罒	か 尸	き 厂	く 心	
け 阝	こ 土			

ア かばね しかばね　イ こころ

（四） 次の――線の**カタカナ**の部分を**漢字一字と送りがな（ひらがな）**になおしなさい。 (10) 2×5

〈例〉 クラブのきまりをサダメル。 定める

1 図工の作品をたなにナラベル。
2 オサナイ子が笑っている。
3 寄港した船が燃料をオギナウ。
4 友人との約束をうっかりワスレル。
5 手を合わせて仏様をオガム。

（五） 漢字の読みには**音**と**訓**があります。次の**熟語の読み**は□の中のどの組み合わせになっていますか。ア～エの**記号**で答えなさい。 (20) 2×10

ア 音と音	イ 音と訓
ウ 訓と訓	エ 訓と音

10 市の予算の内訳が公開される。
11 地球温暖化への対策を推進する。
12 森のおくにきれいな泉がある。
13 絵の勉強のために名画を模写する。
14 帰る途《と》中で激しい夕立にあった。
15 合唱の指揮を任された。
16 人間の頭脳が科学を進歩させた。
17 姉は声優を目指している。
18 蚕はくわの葉を食べて育つ。
19 車窓から沿線の風景をながめる。
20 お地蔵のひざよたもとよ鳴く千鳥

ウ つち　エ がんだれ
オ こざとへん　カ さら
キ うかんむり　ク しんにょう しんにゅう
ケ あみがしら あみめ よこめ　コ ひへん

(三) 次の漢字の**太い画**のところは**筆順の何画目**か、また**総画数は何画**か、**算用数字**（1、2、3…）で答えなさい。 (10) 1×10

〈例〉 **定**　何画目（5）　総画数（8）

	何画目	総画数
訳	（1）	（2）
我	（3）	（4）
班	（5）	（6）
済	（7）	（8）
閣	（9）	（10）

1 源流
2 若葉
3 返済
4 弱気
5 派手
6 割合
7 裏地
8 旧型
9 傷口
10 蒸発

(六) 次の**カタカナ**を**漢字**になおし、**一字だけ**書きなさい。 (20) 2×10

1 精**ミツ**検査
2 **カタ**側通行
3 政**トウ**政治
4 自**コ**本位
5 実験**ソウ**置
6 学級日**シ**
7 書留**ユウ**便
8 言語道**ダン**
9 事務**ショ**理
10 危急存**ボウ**

(七) 後の□の中のひらがなを漢字になおして、**対義語**（意味が反対や対《つい》になることば）と、**類義語**（意味がよくにたことば）を書きなさい。□の中のひらがなは**一度だけ**使い、**漢字一字**を書きなさい。

(20)
2×10

対義語

横糸―（1）糸

通常―（2）時

複雑―（3）単

応答―（4）質

退職―（5）職

類義語

方法―手（6）

分野―領（7）

討議―討（8）

(九) 漢字を二字組み合わせた熟語では、二つの漢字の間に意味の上で、次のような関係があります。

(20)
2×10

ア 反対や対《つい》になる意味の字を組み合わせたもの。（例…**強弱**）

イ 同じような意味の字を組み合わせたもの。（例…**進行**）

ウ 上の字が下の字の意味を説明（修飾《しょく》）しているもの。（例…**国旗**）

エ 下の字から上の字へ返って読むと意味がよくわかるもの。（例…**消火**）

次の**熟語**は、右のア～エのどれにあたるか、**記号**で答えなさい。

1 禁止

2 乗降

3 敬老

4 半熟

6 開閉

7 寸前

8 帰郷

9 純白

(十) 次の――線の**カタカナ**を**漢字**になおしなさい。

(40)
2×20

1 **ホネ**の折れる作業を根気よく続ける。

2 畑一面にひまわりがさき**ミダ**れる。

3 焼きそばに**ベニ**しょうがを散らす。

4 国民には裁判を受ける**ケンリ**がある。

5 あやつり人形を使った**ゲキ**を見た。

6 チャンピオンを破って**オウザ**につく。

7 駅前にカレーの**センモン**店ができた。

8 **トウブン**のとり過ぎに気をつける。

9 授業中に**シゴ**をして注意された。

10 浜《はま》辺にたくさんの魚が**ホ**してある。

未来―(9)来

改新―改(10)

いき・かく・かん・ぎ・しゅう
しょう・たて・だん・りん・ろん

(八) 後の□の中から漢字を選んで、次の意味にあてはまる**熟語**を作りなさい。答えは**記号**で書きなさい。　(10) 2×5

〈例〉本をよむこと。(読書)　シ｜サ

1 広げて大きくすること。

2 病人などの手当てや世話をすること。

3 物事をおそれない心。

4 きびしくきちんとした様子。

5 一生の終わりに近い時期。

ア 格	イ 護	ウ 度	エ 張
オ 年	カ 胸	キ 晩	ク 厳
ケ 看	コ 拡	サ 書	シ 読

5 破損

10 肥満

(十) 次の――線の**カタカナ**を**漢字**になおしなさい。　(20) 2×10

1 立方体には**チョウ**点が八つある。

2 気象**チョウ**が天気予報を発表する。

3 鉄**ボウ**で逆上がりの練習をする。

4 **ボウ**風雨のため船が欠航した。

5 先祖の墓に花を**ソナ**える。

6 マラソン大会に**ソナ**えて早くねる。

7 好きな小説の**チョ**者に手紙を書く。

8 こづかいの残りを**チョ**金箱に入れる。

9 大名が広大な領地を**シ**配する。

10 人口減少は軽**シ**できない問題だ。

11 夕焼けで西の空が赤く**ソ**まる。

12 国や民族によって食文化は**コト**なる。

13 **ユウラン**船から島々をながめる。

14 すもうの熱戦を見て**コウフン**した。

15 防災訓練は台風のため**エンキ**された。

16 百貨店で**キヌ**のスカーフを買う。

17 順路に**シタガ**って水族館を見学する。

18 みんなの前で詩を**ロウドク**する。

19 先生のはげましの言葉を心に**キザ**む。

20 わが身をつねって人の**イタ**さを知れ

▼解答は別冊4・5ページ

（一） 次の——線の漢字の読みをひらがなで書きなさい。 (20) 1×20

1 机の引き出しの中を整理する。
2 林の中の切り株にすわって休んだ。
3 ブザーが鳴って幕が上がった。
4 限りある天然資源を大切に使う。
5 コーチの一言が打者を奮い立たせた。
6 つばめがえさを探して飛びかう。
7 新しい庁舎がまもなく完成する。
8 米や麦などの穀物をトラックで運ぶ。
9 独創的な研究が世間の注目を浴びる。

（二） 次の漢字の部首と部首名を後の□の中から選び、記号で答えなさい。 (10) 1×10

〈例〉 返 〔う〕〔ク〕

	部首	部首名
肺	（1）	（2）
割	（3）	（4）
枚	（5）	（6）
庁	（7）	（8）
熟	（9）	（10）

あ 木　い 灬　う 辶　え 厂
お 广　か 亠　き 攵　く 月
け 刂　こ 口

ア くち　イ にくづき

（四） 次の——線のカタカナの部分を漢字一字と送りがな（ひらがな）になおしなさい。 (10) 2×5

〈例〉 クラブのきまりをサダメル。 定める

1 落とし物を交番にトドケル。
2 決められたルールにシタガウ。
3 メモを細かく切ってステル。
4 暑さがキビシクなってきた。
5 夕日で西の空が赤くソマル。

（五） 漢字の読みには音と訓があります。次の熟語の読みは□の中のどの組み合わせになっていますか。ア〜エの記号で答えなさい。 (20) 2×10

ア 音と音　イ 音と訓
ウ 訓と訓　エ 訓と音

3

10 課題について班ごとに話し合う。
11 選手の勇姿を写真に収める。
12 道ばたの石仏に花を供える。
13 地図を見誤って道に迷った。
14 歌詞の意味を考えながら歌う。
15 各地で大規模な花火大会が開かれる。
16 飼っている蚕にくわの葉をやる。
17 自分の失敗を素直《すなお》に認める。
18 犬を連れて川沿いの道を散歩する。
19 世界にはまだ多くの秘境がある。
20 絶頂の城たのもしき若葉かな

ウ がんだれ
エ れんが　れっか
オ なべぶた　けいさんかんむり
カ まだれ
キ りっとう
ク しんにょう　しんにゅう
ケ のぶん　ぼくづくり
コ きへん

㈢ 次の漢字の**太い**画のところは**筆順の何画目**か、また**総画数は何画**か、**算用数字**（1、2、3…）で答えなさい。 (10) 1×10

〈例〉 定　何画目（5）　総画数（8）

	何画目	総画数
呼	（1）	（2）
系	（3）	（4）
片	（5）	（6）
射	（7）	（8）
裁	（9）	（10）

1 解除
2 背骨
3 裏作
4 温泉
5 台所
6 道筋
7 番組
8 散乱
9 穴場
10 手順

㈥ 次の**カタカナ**を**漢字**になおし、**一字**だけ書きなさい。 (20) 2×10

1 消化**キュウ**収
2 精**ミツ**機械
3 国民主**ケン**
4 速達**ユウ**便
5 質**ギ**応答
6 **ジョウ**気機関
7 油**ダン**大敵
8 **キョウ**土芸能
9 一進一**タイ**
10 **セン**門用語

(七) 後の□の中のひらがなを漢字になおして、**対義語**（意味が反対や対《つい》になることば）と、**類義語**（意味がよくにたことば）を書きなさい。□の中のひらがなは**一度だけ**使い、**漢字一字**を書きなさい。

(20)
2×10

対義語

容易―（1）難

横糸―（2）糸

寒色―（3）色

複雑―単（4）

短縮―（5）長

類義語

広告―（6）伝

保管―保（7）

有名―（8）名

(九) 漢字を二字組み合わせた熟語では、二つの漢字の間に意味の上で、次のような関係があります。

(20)
2×10

ア 反対や対《つい》になる意味の字を組み合わせたもの。（例…**強弱**）

イ 同じような意味の字を組み合わせたもの。（例…**進行**）

ウ 上の字が下の字の意味を説明（修飾《しょく》）しているもの。（例…**国旗**）

エ 下の字から上の字へ返って読むと意味がよくわかるもの。（例…**消火**）

次の**熟語**は、右のア〜エのどれにあたるか、**記号**で答えなさい。

1 勤務

2 朝晩

3 宝石

4 閉館

6 短針

7 尊敬

8 幼児

9 公私

(十) 次の――線の**カタカナ**を**漢字**になおしなさい。

(40)
2×20

1 畑でとれた里いもを**アラ**う。

2 日が**ク**れて青田でカエルが鳴く。

3 **ワス**れ物を取りに教室に引き返す。

4 天気がよいのでふとんを**ホ**した。

5 好きな短歌や**ハイク**を暗唱する。

6 都心に**コウソウ**ビルが林立する。

7 強い風で**スナ**ぼこりがまい上がる。

8 音楽会で先生が合唱の**シキ**をする。

9 料理を皿に美しく**モ**り付ける。

10 相手は**ユウショウ**経験のあるチームだ。

分野—領（9）

進歩—発（10）

いき・えん・こん・じゅん・せん
ぞん・たて・だん・ちょ・てん

(八) 後の□の中から漢字を選んで、次の意味にあてはまる**熟語**を作りなさい。答えは**記号**で書きなさい。 (10) 2×5

〈例〉本をよむこと。（読書） シ サ

1 病人などの手当てや世話をすること。

2 くわしく調べ、よいかどうか考えること。

3 非常に大切な様子。

4 死んだ人が残したざいさん。

5 足りなくなった人員をおぎなうこと。

ア 欠　イ 重　ウ 検　エ 貴
オ 討　カ 遺　キ 護　ク 産
ケ 看　コ 補　サ 書　シ 読

5 表現

10 植樹

(十) 次の——線の**カタカナ**を**漢字**になおしなさい。 (20) 2×10

1 不作のため野菜の**ネ**が上がった。

2 草むらから虫の**ネ**が聞こえる。

3 新作映画の**ヒ**評を新聞で読む。

4 学級園の土に**ヒ**料を入れる。

5 故**ショウ**した自転車を修理に出す。

6 野球の試合で左足を負**ショウ**した。

7 世界の人口は**ゾウ**加している。

8 市の図書館の**ゾウ**書数を調べる。

9 総理大臣が内**カク**を組織する。

10 上級生としての自**カク**を持つ。

11 王女が**キヌ**のドレスを身にまとう。

12 祖母は毎朝、ラジオ**タイソウ**をする。

13 墓前で手を合わせて**オガ**む。

14 オリンピック会場に**セイカ**がともる。

15 ねぎを**キザ**んでみそしるに入れる。

16 **ショウライ**の夢について語り合う。

17 **ユウラン**船から島々をながめる。

18 朝のあいさつ運動を**スイシン**する。

19 話の要点を**カンケツ**に述べる。

20 **ゼン**は急げ

▼解答は別冊6・7ページ

3

(一) 次の——線の**漢字の読み**を**ひらがな**で書きなさい。 (20) 1×20

1 夕日が西の空を赤く染める。
2 地域の伝統芸能を受けつぐ。
3 机の引き出しにノートをしまう。
4 兄は四月から市役所に勤めている。
5 歌詞の意味をよく理解して歌う。
6 潮が満ちたり引いたりする。
7 冒《ぼう》険家が秘境を探検する。
8 毎晩、ねる前に日記をつける。
9 市の予算の内訳が公開される。

(二) 次の漢字の**部首**と**部首名**を後の□の中から選び、**記号**で答えなさい。 (10) 1×10

〈例〉 返 部首〔う〕 部首名（ク）

	部首	部首名
蔵	〔1〕	（2）
縮	〔3〕	（4）
刻	〔5〕	（6）
泉	〔7〕	（8）
庁	〔9〕	（10）

あ 亠　い 糸　う 辶　え 白
お 广　か 刂　き 水　く 艹
け 戈　こ 厂

ア ほこづくり ほこがまえ　イ みず

(四) 次の——線の**カタカナ**の部分を**漢字一字と送りがな（ひらがな）**になおしなさい。 (10) 2×5

〈例〉 クラブのきまりを**サダメル**。 定める

1 **オサナイ**子のしぐさがかわいい。
2 体育館にいすを**ナラベル**。
3 大根おろしにしょうゆを**タラス**。
4 生活のリズムが**ミダレル**。
5 山頂で初日の出を**オガム**。

(五) 漢字の読みには**音**と**訓**があります。次の**熟語の読み**は□の中のどの組み合わせになっていますか。ア〜エの**記号**で答えなさい。 (20) 2×10

ア 音と音　イ 音と訓
ウ 訓と訓　エ 訓と音

10 ピカソは二十世紀の著名な画家だ。
11 街路樹のかげが歩道にのびる。
12 危ない所では遊ばない。
13 庭の梅の実が熟してきた。
14 物語を読んで話の筋をとらえる。
15 オリンピックの聖火をリレーで運ぶ。
16 道路を拡張する工事が始まる。
17 あせをかいたので水分を補う。
18 平和の尊さについて話し合う。
19 作った詩を先生に批評してもらう。
20 ふきの葉に片足かけて鳴くかわず

ウ いとへん
エ なべぶた けいさんかんむり
オ しろ
カ がんだれ
キ くさかんむり
ク しんにょう しんにゅう
ケ りっとう
コ まだれ

(三) 次の漢字の**太い画**のところは**筆順の何画目**か、また**総画数は何画**か、**算用数字**（1、2、3…）で答えなさい。 (10) 1×10

〈例〉定 何画目（5）総画数〔8〕

	何画目	総画数
后	（1）	〔2〕
閣	（3）	〔4〕
郷	（5）	〔6〕
将	（7）	〔8〕
蒸	（9）	〔10〕

1 宝箱
2 湯気
3 砂山
4 茶畑
5 呼吸
6 誤答
7 味方
8 厚着
9 推進
10 値段

(六) 次の**カタカナ**を**漢字**になおし、**一字だけ**書きなさい。 (20) 2×10

1 自**コ**満足
2 複雑**コッ**折
3 直**シャ**日光
4 **ウ**宙旅行
5 私利私**ヨク**
6 雨天順**エン**
7 首**ノウ**会談
8 **セン**業農家
9 心**キ**一転
10 **ユウ**便配達

4

㈦ 後の□の中のひらがなを漢字になおして、**対義語**（意味が反対や対《つい》になることば）と、**類義語**（意味がよくにたことば）を書きなさい。□の中のひらがなは**一度だけ**使い、**漢字一字**を書きなさい。

（20）2×10

対義語

実物―（1）型

冷静―興（2）

定例―（3）時

散在―（4）集

悲報―（5）報

類義語

任務―役（6）

他界―死（7）

感動―感（8）

㈨ 漢字を二字組み合わせた熟語では、二つの漢字の間に意味の上で、次のような関係があります。

（20）2×10

ア 反対や対《つい》になる意味の字を組み合わせたもの。（例…**強弱**）

イ 同じような意味の字を組み合わせたもの。（例…**進行**）

ウ 上の字が下の字の意味を説明（修飾《しょく》）しているもの。（例…**国旗**）

エ 下の字から上の字へ返って読むと意味がよくわかるもの。（例…**消火**）

次の**熟語**は、右のア〜エのどれにあたるか、**記号**で答えなさい。

1 洗顔

2 異国

3 寒暖

4 困難

6 得失

7 米俵

8 肥満

9 負傷

㈩ 次の――線の**カタカナ**を**漢字**になおしなさい。

（40）2×20

1 雲の切れ間から月が**スガタ**を現す。

2 友達と共通の話題で**モ**り上がる。

3 **ムネ**のすくような逆転ゴールだった。

4 海岸線に**ソ**って松林が続く。

5 決勝戦の様子がテレビに**ウツ**る。

6 給食当番が**ギュウニュウ**を配る。

7 日が**ク**れて川辺にホタルが飛びかう。

8 食品の安全性の基準が**キビ**しくなる。

9 大臣がアジア諸国を**ホウモン**する。

10 選挙で新しい市長が**タンジョウ**した。

真心―（9）意

直前―（10）前

げき・すん・せい・ふん・ぼう
みっ・も・りん・ろう・わり

(八) 後の□の中から漢字を選んで、次の意味にあてはまる**熟語**を作りなさい。答えは**記号**で書きなさい。(10) 2×5

〈例〉本をよむこと。（読書）　シ サ

1 楽器で音楽をかなでること。
2 生まれ育った土地。
3 借りたお金などをかえすこと。
4 人や物をある場所に入れること。
5 お年寄りをうやまうこと。

ア 収　イ 演　ウ 済　エ 容
オ 里　カ 返　キ 敬　ク 郷
ケ 老　コ 奏　サ 書　シ 読

5 閉幕

10 存在

(十) 次の――線の**カタカナ**を**漢字**になおしなさい。(20) 2×10

1 **ケイ**察官が街をパトロールする。
2 おじは会社を**ケイ**営している。
3 **ハラ**をかかえて笑い転げる。
4 **ハラ**っぱで弟とたこあげをする。
5 大統領が**シュウ**任の演説を行う。
6 多くの民**シュウ**が国王を支持した。
7 オーケストラの指**キ**者を志す。
8 病気が全快して職場に復**キ**する。
9 方位**ジ**針で北の方角を確かめる。
10 成人式で市長が祝**ジ**を述べる。
11 物語の感想を**カンケツ**に述べる。
12 鏡の前で**フクソウ**を整える。
13 **コショウ**したパソコンを修理に出す。
14 派手な**カンバン**を目印に店を探す。
15 陸上競技の計測に**マ**き尺が使われる。
16 隊長に**シタガ**って険しい道を進む。
17 わが校は**ソウリツ**百周年をむかえた。
18 科学者の長年の研究が**ミト**められた。
19 **テンラン**会で日本画の大作を見た。
20 **ロン**より証拠《こ》

▼解答は別冊8・9ページ

(一) 次の――線の**漢字の読み**を**ひらがな**で書きなさい。 (20) 1×20

1 さくらんぼの実が赤く熟した。
2 宿題のプリントの枚数を確かめる。
3 試合は後半になって盛り上がった。
4 兄は大学で法律を学んでいる。
5 合唱コンクールで好成績を収めた。
6 食塩水を熱して水分を蒸発させる。
7 妹が泣き出したので訳をたずねた。
8 建築家としての才能が認められる。
9 米や麦などの穀物を輸送する。

(二) 次の漢字の**部首**と**部首名**を後の□の中から選び、**記号**で答えなさい。 (10) 1×10

〈例〉 返 〔う〕〔ク〕 部首 部首名

	部首	部首名
腹	〔1〕	〔2〕
蔵	〔3〕	〔4〕
郵	〔5〕	〔6〕
潮	〔7〕	〔8〕
層	〔9〕	〔10〕

あ 戈　い 尸　う 辶　え 月
お 厂　か 艹　き 氵　く 土
け 日　こ 阝

ア ほこづくり　イ おおざと
ア ほこがまえ

(四) 次の――線の**カタカナ**の部分を**漢字一字と送りがな（ひらがな）**になおしなさい。 (10) 2×5

〈例〉 クラブのきまりを**サダメル**。 定める

1 給食の前に石けんで手を**アラウ**。
2 私語をやめて口を**トジル**。
3 暑さの**キビシイ**日が続く。
4 コーチの方針に選手が**シタガウ**。
5 木の葉から雨のしずくが**タレル**。

(五) 漢字の読みには**音**と**訓**があります。次の**熟語の読み**は□の中のどの組み合わせになっていますか。ア～エの**記号**で答えなさい。 (20) 2×10

ア 音と音　イ 音と訓
ウ 訓と訓　エ 訓と音

10 戦国時代の名高い武将を調べる。
11 自転車で日本列島を縦断する。
12 著名な科学者の講演会が開かれた。
13 山の頂が雲におおわれている。
14 イルカの宙返りに観客がわき立つ。
15 源泉から湯けむりが立ち上る。
16 検算して答えの誤りに気づく。
17 ニュースで内閣の支持率を知った。
18 鉄筋コンクリートのビルが完成した。
19 勇気を奮って強敵に立ち向かう。
20 五月雨《さみだれ》や穴のあくほど見る柱

ウ さんずい
エ かばね しかばね
オ つち
カ ひへん
キ くさかんむり
ク しんにょう しんにゅう
ケ にくづき
コ がんだれ

(三) 次の漢字の**太い**画のところは**筆順の何画目**か、また**総画数は何画**か、**算用数字**（1、2、3…）で答えなさい。 (10) 1×10

〈例〉**定** 何画目（5）総画数〔8〕

	何画目	総画数
遺	（1）	（2）
策	（3）	（4）
脳	（5）	（6）
片	（7）	（8）
染	（9）	（10）

1 無口
2 尊敬
3 灰皿
4 独奏
5 関所
6 裏山
7 新顔
8 組曲
9 生傷
10 探検

(六) 次の**カタカナ**を**漢字**になおし、**一字**だけ書きなさい。 (20) 2×10

1 **リン**時列車
2 反**シャ**神経
3 **ソウ**立記念
4 空前**ゼツ**後
5 集合住**タク**
6 公**シュウ**道徳
7 技術**カク**新
8 政**トウ**政治
9 時間**エン**長
10 大同小**イ**

(七) 後の□の中のひらがなを漢字になおして、**対義語**（意味が反対や対《つい》になることば）と、**類義語**（意味がよくにたことば）を書きなさい。□の中のひらがなは**一度だけ**使い、**漢字一字**を書きなさい。

(20) 2×10

対義語

快楽―苦（1）
義務―（2）利
複雑―単（3）
悪意―（4）意
散在―（5）集

類義語

討議―討（6）
開演―開（7）
指図―指（8）

(九) 漢字を二字組み合わせた熟語では、二つの漢字の間に意味の上で、次のような関係があります。

(20) 2×10

ア 反対や対《つい》になる意味の字を組み合わせたもの。（例…**強弱**）
イ 同じような意味の字を組み合わせたもの。（例…**進行**）
ウ 上の字が下の字の意味を説明（修飾《しょく》）しているもの。（例…**国旗**）
エ 下の字から上の字へ返って読むと意味がよくわかるもの。（例…**消火**）

次の**熟語**は、右のア～エのどれにあたるか、**記号**で答えなさい。

1 朝晩
2 悲劇
3 表現
4 立腹

6 紅茶
7 就任
8 樹木
9 養蚕

(十) 次の――線の**カタカナ**を**漢字**になおしなさい。

(40) 2×20

1 教室の**ツクエ**の中を片づける。
2 マラソンで先頭との差が**チヂ**まる。
3 クジラは肺で**コキュウ**する。
4 招待したお年寄りを**ザセキ**に案内する。
5 スギの切り**カブ**に腰《こし》を下ろして休む。
6 鏡のような湖面に満月が**ウツ**る。
7 祖母の**オサナ**いころの写真を見た。
8 **シセイ**を正して半紙に字を書く。
9 争いごとを公平に**サバ**く。
10 道路に飛び出して**アブ**ない目にあった。

進歩―発（9）
後方―（10）後

き・けん・じゅん・ぜん・つう
てん・はい・まく・みっ・ろん

(八) 後の□の中から漢字を選んで、次の意味にあてはまる**熟語**を作りなさい。答えは**記号**で書きなさい。 (10) 2×5

〈例〉本をよむこと。（読書） シ サ

1 卒業した学校がおなじであること。
2 機械などを動かすこと。
3 よその家や人をたずねること。
4 物事をおそれない心。
5 非常にいそぐこと。

ア 至　イ 同　ウ 作　エ 問
オ 操　カ 訪　キ 度　ク 窓
ケ 胸　コ 急　サ 書　シ 読

5 温暖 ― 10 損益

(十) 次の――線の**カタカナ**を**漢字**になおしなさい。 (20) 2×10

1 列車は時**コク**どおりに発車した。
2 医者の忠**コク**を聞いて安静に過ごす。
3 先祖の墓に花や果物を**ソナ**える。
4 船に救命具を**ソナ**え付ける。
5 **ラン**暴な言葉づかいを改める。
6 観**ラン**車に乗って景色を楽しむ。
7 **ショ**心を忘れずに練習にはげむ。
8 駅前で**ショ**名活動を行う。
9 母の**キョウ**里から新米が届いた。
10 逆**キョウ**に負けず努力を続ける。
11 天候不順で農作物の**ネダン**が上がった。
12 入浴した後に水分を**オギナ**った。
13 全国的な**キボ**で学力調査が行われた。
14 きりが晴れて**シカイ**が広がる。
15 資料を分類するのに**ホネ**が折れた。
16 アナウンサーが詩の**ロウドク**をする。
17 説明を聞いて**ギモン**が解けた。
18 運動会は白組が**ユウショウ**した。
19 **キチョウ**な仏像を保存する。
20 日**ク**れて道遠し

▼解答は別冊10・11ページ

試験問題 6 （5級）

(一) 次の――線の**漢字の読み**を**ひらがな**で書きなさい。 (20) 1×20

1 朝焼けで東の空が赤く染まる。
2 夏休みに祖父母の家を訪ねる。
3 血液と心臓の働きについて学習する。
4 木の葉から雨のしずくが垂れる。
5 旅先で蒸気機関車に乗った。
6 転んで足首を骨折してしまった。
7 答案を見直して誤りに気づいた。
8 若いかんとくがチームを率いる。
9 街路樹の緑が色こくなる。

(二) 次の漢字の**部首**と**部首名**を後の□の中から選び、**記号**で答えなさい。 (10) 1×10

〈例〉返　部首（う）　部首名（ク）

	部首	部首名
沿	（1）	（2）
割	（3）	（4）
陛	（5）	（6）
熟	（7）	（8）
座	（9）	（10）

あ 土　い 氵　う 辶　え 厂
お 广　か 亠　き 口　く 刂
け 阝　こ 灬

ア れんが　れっか
イ つち

(四) 次の――線の**カタカナ**の部分を**漢字一字と送りがな（ひらがな）**になおしなさい。 (10) 2×5

〈例〉クラブのきまりを**サダメル**。　定める

1 日が**クレル**前に家に着いた。
2 六年生全員が校庭に**ナラブ**。
3 **ムズカシイ**問題がやっと解けた。
4 早起きして初日の出を**オガム**。
5 ホテルに荷物を**アズケル**。

(五) 漢字の読みには**音**と**訓**があります。次の**熟語の読み**は□の中のどの組み合わせになっていますか。ア〜エの**記号**で答えなさい。 (20) 2×10

ア 音と音　イ 音と訓
ウ 訓と訓　エ 訓と音

10 系統立ててわかりやすく説明する。
11 作家の生誕百周年を祝う。
12 都心に新しい高層ビルが建つ。
13 列を乱さないように行進する。
14 市の予算の内訳が公開される。
15 オリンピックの会場に聖火がともる。
16 選手の勇姿を写真に収める。
17 小鳥が呼び合うように鳴いている。
18 駅前の薬局は午後九時に閉まる。
19 古い庁舎が文化財に登録された。
20 五月雨《さみだれ》や穴のあくほど見る柱

ウ がんだれ　エ さんずい
オ こざとへん　カ りっとう
キ くち　ク しんにょう しんにゅう
ケ なべぶた けいさんかんむり　コ まだれ

6

(三) 次の漢字の**太い**画のところは**筆順の何画目**か、また**総画数は何画**か、**算用数字**(1、2、3…)で答えなさい。 (10) 1×10

〈例〉 定 何画目(5) 総画数(8)

	何画目	総画数
策	(1)	(2)
班	(3)	(4)
届	(5)	(6)
郷	(7)	(8)
誠	(9)	(10)

1 針箱
2 延長
3 絹地
4 茶柱
5 幼虫
6 裏口
7 場面
8 仕事
9 筋道
10 映写

(六) 次の**カタカナ**を**漢字**になおし、**一字だけ**書きなさい。 (20) 2×10

1 発車時**コク**
2 森林資**ゲン**
3 水玉**モ**様
4 **ユウ**便切手
5 人口**ミツ**度
6 玉石**コン**交
7 通学区**イキ**
8 明**ロウ**快活
9 意識改**カク**
10 方位**ジ**針

(七) 後の□の中のひらがなを漢字になおして、**対義語**（意味が反対や対《つい》になることば）と、**類義語**（意味がよくにたことば）を書きなさい。□の中のひらがなは**一度だけ**使い、**漢字一字**を書きなさい。

(20) 2×10

対義語

横糸―（1）糸

往復―（2）道

尊重―無（3）

通常―（4）時

悪人―（5）人

類義語

死去―死（6）

設立―（7）立

家屋―住（8）

(九) 漢字を二字組み合わせた熟語では、二つの漢字の間に意味の上で、次のような関係があります。

(20) 2×10

ア 反対や対《つい》になる意味の字を組み合わせたもの。（例…**強弱**）

イ 同じような意味の字を組み合わせたもの。（例…**進行**）

ウ 上の字が下の字の意味を説明（修飾《しょく》）しているもの。（例…**国旗**）

エ 下の字から上の字へ返って読むと意味がよくわかるもの。（例…**消火**）

次の**熟語**は、右のア～エのどれにあたるか、**記号**で答えなさい。

1 困苦

2 損益

3 永久

4 軽傷

6 公私

7 発着

8 山頂

9 看病

(十) 次の――線の**カタカナ**を**漢字**になおしなさい。

(40) 2×20

1 森のおくに小さな**イズミ**がある。

2 スギの切り**カブ**にこしを下ろす。

3 **ワス**れ物を取りに家に帰った。

4 歩道の**カクチョウ**工事が始まる。

5 舞《ぶ》台の**マク**がゆっくりと上がる。

6 夏の強い日差しが目を**イ**る。

7 先輩《ぱい》の**ムネ**を借りて練習する。

8 鏡の前で**フクソウ**を整える。

9 議長が開会を**センゲン**する。

10 試験が**ス**んだのでほっとした。

向上―発（9）

給料―（10）金

かた・し・ぜん・そう・たく
たて・ちん・てん・ぼう・りん

（八） 後の□の中から漢字を選んで、次の意味にあてはまる**熟語**を作りなさい。答えは**記号**で書きなさい。 (10) 2×5

〈例〉本をよむこと。（読書） シ サ

1 勤め先が決まって仕事につくこと。

2 内部に取り入れること。

3 生活や行いのもとになるきまり。

4 なまえが広く知れわたっていること。

5 卒業した学校がおなじであること。

ア 律　イ 窓　ウ 収　エ 規
オ 吸　カ 名　キ 同　ク 職
ケ 著　コ 就　サ 書　シ 読

5 挙式

10 危険

（十） 次の――線の**カタカナ**を**漢字**になおしなさい。 (20) 2×10

1 家の階**ダン**に手すりを取り付ける。

2 地球温**ダン**化について話し合う。

3 自分の意見を**カン**潔に述べる。

4 朝のラジオ体操を習**カン**にする。

5 家来が王様のお**トモ**をする。

6 友人と**トモ**にダンス教室に通う。

7 事件の**サイ**調査を行う。

8 布を型紙どおりに**サイ**断する。

9 バナナは**トウ**分の多い果物だ。

10 句**トウ**点を適切に打って文章を書く。

11 車のエンジンが**コショウ**した。

12 昨年は残暑が**キビ**しかった。

13 買ってきた食品を**レイゾウ**する。

14 耳を**ウタガ**うような話を聞いた。

15 オーケストラの**エンソウ**に感動した。

16 目上の人に**ケイゴ**を使って話す。

17 次回の学級会で書記を**タントウ**する。

18 国民には**ノウゼイ**の義務がある。

19 **ユウラン**船に乗って湖を一周する。

20 命に過ぎたる**タカラ**なし

▼解答は別冊12・13ページ

（一） 次の――線の漢字の読みをひらがなで書きなさい。 (20) 1×20

1 昨夜から雨が降り続いている。
2 転校した友達の家を訪ねた。
3 創立百周年の記念式典が行われる。
4 父に絹のネクタイをプレゼントした。
5 練習の成果を試合で発揮する。
6 著名な作家の晩年の作品を読む。
7 野球チームの欠員を補う。
8 自分の失敗を素直《すなお》に認める。
9 街路樹のかげが歩道にのびる。

（二） 次の漢字の部首と部首名を後の□の中から選び、記号で答えなさい。 (10) 1×10

〈例〉 返 部首〔う〕 部首名（ク）

	部首	部首名
胸	〔1〕	（2）
忠	〔3〕	（4）
敬	〔5〕	（6）
座	〔7〕	（8）
聖	〔9〕	（10）

あ 心　い 月　う 辶　え 厂
お 口　か 广　き 勹　く 艹
け 攵　こ 耳

ア まだれ　イ くさかんむり

（四） 次の――線のカタカナの部分を漢字一字と送りがな（ひらがな）になおしなさい。 (10) 2×5

〈例〉 クラブのきまりをサダメル。 定める

1 風でかみの毛がミダレル。
2 オサナイ子が三輪車に乗っている。
3 コーチの指示にシタガウ。
4 銀行にお金をアズケル。
5 急に質問されて答えにコマル。

（五） 漢字の読みには音と訓があります。次の熟語の読みは□の中のどの組み合わせになっていますか。ア〜エの記号で答えなさい。 (20) 2×10

ア 音と音　イ 音と訓
ウ 訓と訓　エ 訓と音

10 よごれた窓ガラスを布でふく。

11 農場でとれた穀物を倉庫に運ぶ。

12 公開された仏像を拝観する。

13 一人一人が規律を守って行動する。

14 綿密な計画を立てて城の修復をする。

15 世界の国々の文化や宗教を調べる。

16 注目の裁判で厳しい判決が出た。

17 寺に至る参道にあじさいがさく。

18 縦書きのノートに好きな詩を書く。

19 電車が不通のため臨時バスを運行する。

20 ふきの葉にぽんと穴あく暑さかな

ウ にくづき　エ のぶん ぼくづくり
オ つつみがまえ　カ こころ
キ みみ　ク しんにょう しんにゅう
ケ がんだれ　コ くち

(三) 次の漢字の**太い画**のところは**筆順の何画目**か、また**総画数は何画**か、**算用数字**（1、2、3…）で答えなさい。(10) 1×10

〈例〉**定**　何画目（5）　総画数〔8〕

	何画目	総画数
垂	（1）	〔2〕
純	（3）	〔4〕
冊	（5）	〔6〕
骨	（7）	〔8〕
盛	（9）	〔10〕

---

1 誤答
2 巻物
3 重箱
4 古傷
5 道順
6 起源
7 王様
8 異常
9 口紅
10 手帳

(六) 次の**カタカナ**を**漢字**になおし、**一字**だけ書きなさい。(20) 2×10

1 人工呼**キュウ**
2 絶体絶**メイ**
3 宇**チュウ**旅行
4 **イ**産相続
5 予防注**シャ**
6 国際親**ゼン**
7 円形**ゲキ**場
8 **ショ**名活動
9 実験**ソウ**置
10 油断大**テキ**

(七)

後の□の中のひらがなを漢字になおして、**対義語**（意味が反対や対《つい》になることば）と、**類義語**（意味がよくにたことば）を書きなさい。□の中のひらがなは**一度だけ**使い、**漢字一字**を書きなさい。

(20) 2×10

対義語

外出—帰（1）

短縮—（2）長

寒冷—温（3）

表側—（4）側

死亡—（5）生

類義語

討議—討（6）

次週—（7）週

広告—（8）伝

(九)

漢字を二字組み合わせた熟語では、二つの漢字の間に意味の上で、次のような関係があります。

(20) 2×10

ア 反対や対《つい》になる意味の字を組み合わせたもの。（例…**強弱**）

イ 同じような意味の字を組み合わせたもの。（例…**進行**）

ウ 上の字が下の字の意味を説明（修飾《しょく》）しているもの。（例…**国旗**）

エ 下の字から上の字へ返って読むと意味がよくわかるもの。（例…**消火**）

次の**熟語**は、右のア～エのどれにあたるか、**記号**で答えなさい。

1 豊富

2 国宝

3 価値

4 敬老

6 因果

7 開幕

8 収納

9 養蚕

(十)

次の——線の**カタカナ**を**漢字**になおしなさい。

(40) 2×20

1 課題について**ハン**ごとに話し合う。

2 雲が切れて山の**イタダキ**が見える。

3 夕日が西の空を赤く**ソ**める。

4 牧場でやぎの**チチ**をしぼる。

5 六十階建ての**コウソウ**ビルができた。

6 **ワカモノ**が祭りのみこしをかつぐ。

7 人間の**ズノウ**が科学技術を進歩させた。

8 絵筆をていねいに**アラ**う。

9 旅行のみやげに**ホ**した魚を買う。

10 犯人を予想しながら**スイリ**小説を読む。

分野―領（9）
大切―（10）重

いき・うら・えん・き・せん
たく・たん・だん・よく・ろん

（八）後の□の中から漢字を選んで、次の意味にあてはまる**熟語**を作りなさい。答えは**記号**で書きなさい。
〈例〉本をよむこと。（読書）　シ サ

（10）2×5

1 液体が気体に変わること。
2 病人などの手当てや世話をすること。
3 真面目で心がこもっていること。
4 制度などをあらためて、良くすること。
5 心が明るくなるような知らせ。

ア 改　イ 朗　ウ 看　エ 誠
オ 護　カ 実　キ 発　ク 革
ケ 報　コ 蒸　サ 書　シ 読

5 発着
10 激痛

（十）次の―線の**カタカナ**を**漢字**になおしなさい。

（20）2×10

1 全校**ジ**童が運動場に並ぶ。
2 方位**ジ**針をたよりに北へ進んだ。
3 母の**キョウ**里から新米が届いた。
4 研究に必要な資料を提**キョウ**する。
5 歩道の**カク**張工事が始まった。
6 話の要点を的**カク**にとらえる。
7 自分の顔を鏡に**ウツ**す。
8 黒板の字をノートに書き**ウツ**す。
9 警察官が事**ケン**現場に急行する。
10 駅の**ケン**売機できっぷを買う。
11 **ワス**れ物をして先生に注意された。
12 **ユウショウ**した選手が喜びを語る。
13 市長が**シュウニン**のあいさつをする。
14 とび箱で着地の**シセイ**がくずれる。
15 早朝に林の中を**サンサク**する。
16 畑に生えた雑草を取り**ノゾ**く。
17 書道作品の**テンラン**会に行く。
18 約束を守れなかった**ワケ**を話す。
19 バイオリンの**ドクソウ**に聞き入る。
20 **ス**てる神あれば拾う神あり

▼解答は別冊14・15ページ

(一) 次の――線の**漢字の読み**を**ひらがな**で書きなさい。 (20) 1×20

1 電車を降りて改札口に向かう。
2 歩道に捨てられたごみを拾う。
3 背泳ぎで自己新記録を出す。
4 海岸に出ると潮の香りがした。
5 世界地図でヒマラヤ山脈を探す。
6 絹糸は蚕のまゆから作られる。
7 川の流域に水田が広がる。
8 税金の制度を改革する。
9 鋼鉄は自動車の車体の材料になる。

(二) 次の漢字の**部首**と**部首名**を後の□の中から選び、**記号**で答えなさい。 (10) 1×10

〈例〉 返 部首 (う) 部首名 (ク)

	部首	部首名
宇	(1)	(2)
延	(3)	(4)
模	(5)	(6)
届	(7)	(8)
裁	(9)	(10)

あ 衣	い 木	う 辶	え 戈	お 田
か 又	き 艹	く 宀	け 冖	こ 尸

ア かばね しかばね
イ ほこづくり ほこがまえ

(四) 次の――線の**カタカナ**の部分を**漢字一字と送りがな(ひらがな)**になおしなさい。 (10) 2×5

〈例〉 クラブのきまりを**サダメル**。 定める

1 海が夕日に赤く**ソマル**。
2 夜景の美しさに我を**ワスレル**。
3 しおりをはさんで本を**トジル**。
4 墓前で手を合わせて**オガム**。
5 交通違《い》反を**キビシク**取りしまる。

(五) 漢字の読みには**音**と**訓**があります。次の**熟語の読み**は□の中のどの組み合わせになっていますか。ア〜エの**記号**で答えなさい。 (20) 2×10

ア 音と音	イ 音と訓
ウ 訓と訓	エ 訓と音

10 教室の窓から運動場を見下ろす。
11 答案を見直して誤りに気づいた。
12 神社の祭りにお酒を供える。
13 市の予算の内訳が公開される。
14 先生に敬語を使って話す。
15 少年野球の全国大会が開幕した。
16 旅行の計画が宙にういてしまった。
17 沿道で駅伝選手を応援《えん》する。
18 運動会の様子をビデオに収める。
19 駅前の高層マンションに住む。
20 すずめの子地蔵のそでにかくれけり

ウ わかんむり
エ きへん
オ た
カ くさかんむり
キ ころも
ク しんにょう しんにゅう
ケ えんにょう
コ うかんむり

(三) 次の漢字の**太い**画のところは**筆順の何画目**か、また**総画数は何画**か、**算用数字**（1、2、3…）で答えなさい。 (10) 1×10

〈例〉 定 （何画目 5）〔総画数 8〕

	何画目	総画数
処	（1）	〔2〕
権	（3）	〔4〕
班	（5）	〔6〕
孝	（7）	〔8〕
将	（9）	〔10〕

1 紅白
2 若者
3 係員
4 格安
5 回覧
6 横顔
7 湯気
8 節穴
9 返済
10 本筋

(六) 次の**カタカナ**を**漢字**になおし、**一字だけ**書きなさい。 (20) 2×10

1 優先**ザ**席
2 精**ミツ**検査
3 水産資**ゲン**
4 **シン**小棒大
5 条件反**シャ**
6 人工**コ**吸
7 **キョウ**土料理
8 **カブ**式会社
9 栄養**ホ**給
10 自画自**サン**

（七） 後の□の中のひらがなを漢字になおして、**対義語**（意味が反対や対《つい》になることば）と、**類義語**（意味がよくにたことば）を書きなさい。□の中のひらがなは**一度だけ**使い、**漢字一字**を書きなさい。

（20）
2×10

対義語

往復—（1）道

目的—手（2）

快楽—苦（3）

激増—激（4）

表門—（5）門

類義語

異議—異（6）

家屋—住（7）

着任—（8）任

（九） 漢字を二字組み合わせた熟語では、二つの漢字の間に意味の上で、次のような関係があります。

（20）
2×10

ア 反対や対《つい》になる意味の字を組み合わせたもの。（例…**強弱**）

イ 同じような意味の字を組み合わせたもの。（例…**進行**）

ウ 上の字が下の字の意味を説明（修飾《しょく》）しているもの。（例…**国旗**）

エ 下の字から上の字へ返って読むと意味がよくわかるもの。（例…**消火**）

次の**熟語**は、右のア〜エのどれにあたるか、**記号**で答えなさい。

1 除草

2 死亡

3 善悪

4 挙手

6 洗面

7 幼虫

8 困難

9 米俵

（十） 次の——線の**カタカナ**を**漢字**になおしなさい。

（40）
2×20

1 図書館で童話を一**サツ**借りた。

2 山の**チョウジョウ**を目指して登る。

3 鏡を見て髪《かみ》の**ミダ**れを整える。

4 和食のよさが海外で**ミト**められた。

5 球場は三万人の**カンシュウ**でうまった。

6 メダカが水草に**タマゴ**を産み付ける。

7 頭の骨は**ノウ**を守る役目をしている。

8 工事現場に近寄るのは**アブ**ない。

9 **タテ**書きのノートに詩を写す。

10 夜空にかがやく星を**ハイク**によむ。

加入―加（9）

真心―（10）意

うら・かた・げん・しゅう・せい
たく・だん・つう・めい・ろん

(八) 後の□の中から漢字を選んで、次の意味にあてはまる**熟語**を作りなさい。答えは**記号**で書きなさい。

(10) 2×5

〈例〉本をよむこと。（読書）　シ・サ

1 病人などの手当てや世話をすること。
2 ほしいと思う気持ち。
3 なまえが広く知れわたっていること。
4 短く、よくまとまっていること。
5 真面目に仕事などにはげむ様子。

ア 簡	イ 望	ウ 勤	エ 護
オ 著	カ 潔	キ 欲	ク 勉
ケ 看	コ 名	サ 書	シ 読

5 視点

10 公私

(十) 次の――線の**カタカナ**を**漢字**になおしなさい。

(20) 2×10

1 友達と**ハラ**を割って話をした。
2 弟と**ハラ**っぱで虫とりをする。

3 **ケイ**察官が街をパトロールする。
4 おじは会社を**ケイ**営している。

5 道路の**カク**張工事が行われる。
6 秋の味**カク**に舌つづみを打つ。

7 オーケストラの指**キ**者を志す。
8 奮**キ**して強い相手に立ち向かう。

9 クレーンを**ソウ**作して材木を下ろす。
10 品物をていねいに包**ソウ**する。

11 各**セイトウ**の議員が演説する。
12 **イズミ**のほとりで休けいする。
13 **ユウビン**局で記念切手を買った。
14 倉庫で**コクモツ**を保存する。
15 選手たちが**ムネ**を張って行進する。
16 早朝に林の中を**サンサク**する。
17 本の**カンマツ**にある解説文を読む。
18 耳を**ウタガ**うような話を聞いた。
19 机に小さな**キズ**をつけてしまった。
20 正直は一生の**タカラ**

▼解答は別冊16・17ページ

（一） 次の――線の**漢字の読み**を**ひらがな**で書きなさい。 (20) 1×20

1 庭の切り株にきのこが生えた。
2 明日はわが校の創立記念日だ。
3 軒先《のき》にかきの実が干してある。
4 順路に従って館内を見て回った。
5 写生で使った絵の具を片づける。
6 草むらの至る所で虫が鳴く。
7 街路樹の葉がすっかり落ちた。
8 暗雲が垂れこめて雷《らい》鳴がとどろく。
9 著者をむかえてサイン会を行う。

（二） 次の漢字の**部首**と**部首名**を後の□の中から選び、**記号**で答えなさい。 (10) 1×10

	部首	部首名
〈例〉 返	（う）	（ク）
困	（1）	（2）
陛	（3）	（4）
延	（5）	（6）
敬	（7）	（8）
我	（9）	（10）

あ 艹　い 攵　う 辶　え 木
お 口　か 戈　き 扌　く 廴
け 阝　こ 土

ア こざとへん
イ くさかんむり

（四） 次の――線の**カタカナ**の部分を**漢字一字と送りがな（ひらがな）**になおしなさい。 (10) 2×5

〈例〉 クラブのきまりを**サダメル**。 定める

1 参道の両側に店が**ナラブ**。
2 白い布を青く**ソメル**。
3 **オサナイ**ころの写真を見た。
4 テレビの映像が急に**ミダレル**。
5 野球チームの欠員を**オギナウ**。

（五） 漢字の読みには**音**と**訓**があります。次の**熟語の読み**は□の中のどの組み合わせになっていますか。ア～エの**記号**で答えなさい。 (20) 2×10

ア 音と音　イ 音と訓
ウ 訓と訓　エ 訓と音

10 トレーニングをして筋力をつける。
11 山の頂が朝日に照らされる。
12 主人公の純真な心に感動した。
13 米や麦などの穀物を倉庫に貯蔵する。
14 空気がぬけて風船が縮んだ。
15 綿密な取材をもとに記事を書く。
16 チャンピオンを破って王座につく。
17 地球は太陽系の惑《わく》星の一つだ。
18 決勝戦を前に選手が奮い立つ。
19 晩秋の古都を多くの人がおとずれる。
20 日の暮れの背中さびしきもみじかな

ウ えんにょう
エ ほこづくり ほこがまえ
オ てへん
カ つち
キ のぶん ぼくづくり
ク しんにょう しんにゅう
ケ き
コ くにがまえ

(三) 次の漢字の**太い**画のところは**筆順の何画目**か、また**総画数は何画**か、**算用数字**（1、2、3…）で答えなさい。 (10) 1×10

〈例〉 **定** 何画目（5） 総画数（8）

	何画目	総画数
貴	（1）	（2）
姿	（3）	（4）
存	（5）	（6）
憲	（7）	（8）
難	（9）	（10）

1 解除
2 花束
3 収納
4 麦茶
5 軍手
6 傷口
7 若草
8 相棒
9 格安
10 操縦

(六) 次の**カタカナ**を**漢字**になおし、**一字**だけ書きなさい。 (20) 2×10

1 酸素**キュウ**入
2 温**ダン**前線
3 人体**モ**型
4 **セン**門用語
5 議**ロン**百出
6 工業地**イキ**
7 **ショ**名活動
8 一挙両**トク**
9 書留**ユウ**便
10 実力発**キ**

9

(七) 後の□の中のひらがなを漢字になおして、**対義語**（意味が反対や対《つい》になることば）と、**類義語**（意味がよくにたことば）を書きなさい。□の中のひらがなは**一度だけ**使い、**漢字一字**を書きなさい。

(20) 2×10

対義語

複雑―（1）単

定例―（2）時

目的―手（3）

正常―（4）常

応答―質（5）

類義語

他界―死（6）

時間―時（7）

処理―始（8）

(九) 漢字を二字組み合わせた熟語では、二つの漢字の間に意味の上で、次のような関係があります。

(20) 2×10

ア 反対や対《つい》になる意味の字を組み合わせたもの。（例…**強弱**）

イ 同じような意味の字を組み合わせたもの。（例…**進行**）

ウ 上の字が下の字の意味を説明（修飾《しょく》）しているもの。（例…**国旗**）

エ 下の字から上の字へ返って読むと意味がよくわかるもの。（例…**消火**）

次の**熟語**は、右のア～エのどれにあたるか、**記号**で答えなさい。

1 車窓

2 増減

3 難題

4 危険

6 去来

7 帰宅

8 厳禁

9 郷里

(十) 次の――線の**カタカナ**を**漢字**になおしなさい。

(40) 2×20

1 **ウチュウ**には無数の星がある。

2 初めての海外旅行に**ムネ**がはずむ。

3 病院の受付で名前を**ヨ**ばれる。

4 くす玉を**ワ**って開店を祝う。

5 法にもとづいて罪を**サバ**く。

6 学芸会の**ゲキ**の主役に選ばれた。

7 ローストビーフを皿に**モ**り付ける。

8 大雨の**ヨクジツ**は快晴になった。

9 **シャクハチ**の音に聞き入る。

10 ガムを紙に包んでごみ箱に**ス**てる。

広告―（9）伝

給料―（10）金

い・かん・ぎ・こく・せん
だん・ちん・ぼう・まつ・りん

(八) 後の□の中から漢字を選んで、次の意味にあてはまる**熟語**を作りなさい。答えは**記号**で書きなさい。 (10) 2×5

〈例〉本をよむこと。（読書） シ サ

1 ほしいと思う気持ち。
2 自分勝手なひそひそ話。
3 物をつくり出すもとになるもの。
4 ある役目につくこと。
5 ずたずたにたち切ること。

ア就	イ望	ウ源	エ私
オ資	カ語	キ断	ク任
ケ寸	コ欲	サ書	シ読

5 閉館

10 尊敬

(十) 次の――線の**カタカナ**を**漢字**になおしなさい。 (20) 2×10

1 方**イ**磁針で北の方角を確かめる。
2 世界**イ**産の城を見学する。
3 姉は**カン**護師を目指している。
4 見事な演技に**カン**衆が息をのむ。
5 生命の神秘を**タン**究する。
6 悪い姿勢は体に負**タン**がかかる。
7 おじは市役所に**ツト**めている。
8 朝早く起きるように**ツト**める。
9 この小説は一読の価**チ**がある。
10 電**チ**と豆電球をつなぐ実験をした。
11 書店の**カイソウ**工事が始まった。
12 **テンラン**会に出品された絵画を見る。
13 友人とけんかした**ワケ**を先生に話す。
14 小林一茶《こばやしいっさ》の有名な**ハイク**を覚える。
15 算数の教科書を家に**ワス**れた。
16 犬を連れて川**ゾ**いの道を散歩する。
17 **コショウ**した時計を修理に出す。
18 自転車の合いかぎを母に**アズ**ける。
19 転んで右うでを**コッセツ**した。
20 **ゼン**は急げ

▼解答は別冊18・19ページ

（一） 次の――線の**漢字の読み**を**ひらがな**で書きなさい。 (20) 1×20

1 谷川で魚つりの穴場を見つけた。
2 野原で四つ葉のクローバーを探す。
3 街頭で通行人に署名を呼びかける。
4 バスの車窓から田園風景をながめる。
5 作戦を誤って試合に負けてしまった。
6 版画の作品を先生に批評してもらう。
7 口や鼻から吸った空気は肺へ流れる。
8 野球界に新しいスターが誕生した。
9 弟はパソコンの操作に慣れている。

（二） 次の漢字の**部首**と**部首名**を後の□の中から選び、**記号**で答えなさい。 (10) 1×10

〈例〉 返 〔う〕〔ク〕

	部首	部首名
創	1	2
拡	3	4
盛	5	6
胸	7	8
蒸	9	10

あ 扌　い 皿　う 辶　え 灬
お 艹　か 勹　き 月　く 广
け 戈　こ 刂

ア れんが れっか　イ つつみがまえ

（四） 次の――線の**カタカナ**の部分を**漢字一字と送りがな（ひらがな）**になおしなさい。 (10) 2×5

〈例〉 クラブのきまりをサダメル。 定める

1 台所で茶わんのワレル音がした。
2 水面に山の木々がウツル。
3 毎日キビシイ暑さが続く。
4 相手の言い分をミトメル。
5 仏前で手を合わせてオガム。

（五） 漢字の読みには**音**と**訓**があります。次の**熟語の読み**は□の中のどの組み合わせになっていますか。ア～エの**記号**で答えなさい。 (20) 2×10

ア 音と音　イ 音と訓
ウ 訓と訓　エ 訓と音

10 山の中腹に白いきりがかかる。

11 和室の障子を張りかえる。

12 話題のミュージカルの幕が上がる。

13 的の中心をねらって矢を射る。

14 県の庁舎が建てかえられた。

15 海から心地《ここち》よい潮風がふいてくる。

16 ショパンの名曲が演奏された。

17 夕飯に間に合うように帰宅する。

18 観客の声援《えん》が選手を奮起させた。

19 裁判官が判決文を読み上げる。

20 勇ましく別れてのちの秋の暮れ

ウ にくづき	エ りっとう
オ ほこづくり ほこがまえ	カ てへん
キ まだれ	ク しんにょう しんにゅう
ケ さら	コ くさかんむり

(三) 次の漢字の**太い**画のところは**筆順の何画目**か、また**総画数は何画**か、**算用数字**(1、2、3…)で答えなさい。 (10) 1×10

〈例〉 **定** 何画目(5) 総画数(8)

	何画目	総画数
聖	(1)	(2)
乳	(3)	(4)
遺	(5)	(6)
障	(7)	(8)
誕	(9)	(10)

---

1 沿岸

2 係長

3 納入

4 派手

5 若葉

6 麦茶

7 裏側

8 回収

9 首筋

10 図星

(六) 次の**カタカナ**を**漢字**になおし、**一字**だけ書きなさい。 (20) 2×10

1 問題**ショ**理

2 学級日**シ**

3 複雑**コッ**折

4 **ウ**宙旅行

5 **ユウ**便配達

6 検**トウ**課題

7 大器**バン**成

8 **キ**険信号

9 完全無**ケツ**

10 規**ボ**拡大

10

（七） 後の□の中のひらがなを漢字になおして、**対義語**（意味が反対や対《つい》になることば）と、**類義語**（意味がよくにたことば）を書きなさい。□の中のひらがなは**一度だけ**使い、**漢字一字**を書きなさい。 （20）2×10

対義語

延長—短（1）

公開—（2）密

往復—（3）道

応答—質（4）

通常—（5）時

類義語

容易—（6）単

助言—忠（7）

後方—（8）後

（九） 漢字を二字組み合わせた熟語では、二つの漢字の間に意味の上で、次のような関係があります。 （20）2×10

ア 反対や対《つい》になる意味の字を組み合わせたもの。（例…**強弱**）

イ 同じような意味の字を組み合わせたもの。（例…**進行**）

ウ 上の字が下の字の意味を説明（修飾《しょく》）しているもの。（例…**国旗**）

エ 下の字から上の字へ返って読むと意味がよくわかるもの。（例…**消火**）

次の**熟語**は、右のア～エのどれにあたるか、**記号**で答えなさい。

1 困苦

2 取捨

3 閉館

4 翌週

6 就職

7 短針

8 因果

9 喜劇

（十） 次の——線の**カタカナ**を**漢字**になおしなさい。 （40）2×20

1 二羽のカモが**ナラ**んで泳いでいる。

2 雲の切れ間から月が**スガタ**を現す。

3 **オサナ**い子が三輪車に乗っている。

4 指定された番号の**ザセキ**に着く。

5 ねぎを包丁で細かく**キザ**む。

6 **ワレ**を忘れてダンサーの動きに見入る。

7 西の海が夕日に**ソ**まって美しい。

8 母は病院で**カンゴ**師をしている。

9 **キヌイト**は蚕のまゆから作られる。

10 地震《しん》を予知するのは**ムズカ**しい。

手段—方（9）

加入—加（10）

かた・かん・ぎ・こく・さく
しゅく・はい・ひ・めい・りん

(八) 後の□の中から漢字を選んで、次の意味にあてはまる**熟語**を作りなさい。答えは**記号**で書きなさい。 (10) 2×5

〈例〉本をよむこと。（読書） シ サ

1 借りたお金などをかえすこと。

2 生まれ育った土地。

3 山のいただきにのぼること。

4 たりないところを付け加えること。

5 ちがった考えや反対意見。

ア 補	イ 議	ウ 登	エ 済
オ 郷	カ 返	キ 異	ク 足
ケ 頂	コ 里	サ 書	シ 読

5 樹木

10 善良

(十) 次の——線の**カタカナ**を**漢字**になおしなさい。 (20) 2×10

1 不作のため野菜の**ネ**が上がる。

2 大きな松が地中深く**ネ**を張る。

3 **コ**意に規則を破ったわけではない。

4 平泳ぎの自**コ**記録を更《こう》新した。

5 **ショウ**来の夢を作文に書く。

6 台風で家屋が損**ショウ**した。

7 米を倉庫に貯**ゾウ**する。

8 電気自動車の構**ゾウ**を調べる。

9 月ごとの**コウ**水量を棒グラフに表す。

10 パスポートの有**コウ**期限を確かめる。

11 この書店は古本を**センモン**にあつかう。

12 試合で実力を存分に**ハッキ**した。

13 国会で**セイトウ**の代表が質問をする。

14 地域で防犯活動を**スイシン**する。

15 先祖の墓に花を**ソナ**える。

16 **コウソウ**ビルの最上階に上った。

17 なやみを**タンニン**の先生に相談した。

18 バラがさき**ミダ**れる庭園を訪ねる。

19 地球の**オンダン**化に関心を持つ。

20 **ロン**より証拠《こ》

▼解答は別冊20・21ページ

（一） 次の――線の**漢字の読み**を**ひらがな**で書きなさい。 (20) 1×20

1 水面に映るもみじが美しい。
2 国会で内閣総理大臣が選ばれる。
3 エンジンの故障で車が動かない。
4 フラミンゴが片足で立っている。
5 いかだの上からつり糸を垂らす。
6 選手の首筋にあせが光っている。
7 アルバムを見て幼いころを思い出す。
8 音楽は情操を豊かにするといわれる。
9 先祖の墓に菊《きく》の花を供えた。

（二） 次の漢字の**部首**と**部首名**を後の□の中から選び、**記号**で答えなさい。 (10) 1×10

〈例〉 返 部首〔う〕 部首名〔ク〕

漢字	部首	部首名
忠	〔1〕	〔2〕
域	〔3〕	〔4〕
宣	〔5〕	〔6〕
頂	〔7〕	〔8〕
補	〔9〕	〔10〕

あ 衤　い 日　う 辶　え 宀
お 貝　か 土　き 頁　く 心
け 戈　こ 礻

ア ほこづくり ほこがまえ　イ おおがい

（四） 次の――線の**カタカナ**の部分を**漢字一字と送りがな（ひらがな）**になおしなさい。 (10) 2×5

〈例〉 クラブのきまりを**サダメル**。 定める

1 **ムズカシイ**問題が持ち上がった。
2 冬は日が**クレル**のが早い。
3 著名な作家の新刊が書店に**ナラブ**。
4 夕方までに用事を**スマス**。
5 ホテルに荷物を**アズケル**。

（五） 漢字の読みには**音**と**訓**があります。次の**熟語の読み**は□の中のどの組み合わせになっていますか。ア～エの**記号**で答えなさい。 (20) 2×10

ア 音と音　イ 音と訓
ウ 訓と訓　エ 訓と音

10 法案は参議院で否決された。

11 他の国々の宗教や文化について学ぶ。

12 犬を連れて川沿いの道を散歩する。

13 コーチのはげましで練習に意欲が出た。

14 地層の中から貝の化石が見つかった。

15 一人一人の尊い命を大切にする。

16 はがきに用件を簡潔に書く。

17 買ってきた肉や魚を冷蔵する。

18 連休に母の郷里をおとずれた。

19 病院で肺のレントゲンをとる。

20 切り株のきのこかたまるしぐれかな

ウ こころもへん	エ しめすへん
オ つちへん	カ ひ
キ かい こがい	ク しんにょう しんにゅう
ケ こころ	コ うかんむり

(三) 次の漢字の**太い画**のところは**筆順の何画目**か、また**総画数は何画**か、**算用数字**（1、2、3…）で答えなさい。 (10) 1×10

〈例〉 **定** 何画目（5） 総画数（8）

	何画目	**総画数**
存	（1）	（2）
至	（3）	（4）
除	（5）	（6）
推	（7）	（8）
閣	（9）	（10）

1 短縮
2 針箱
3 仕事
4 除草
5 絹製
6 巻紙
7 紅白
8 職場
9 裏庭
10 若気

(六) 次の**カタカナ**を**漢字**になおし、**一字**だけ書きなさい。 (20) 2×10

1 **ヒ**密文書
2 半信半**ギ**
3 世**ロン**調査
4 **セン**業農家
5 自然**イ**産
6 **ゾウ**器移植
7 永久**ジ**石
8 公**シュウ**道徳
9 **タン**刀直入
10 暴風**ケイ**報

11

（七）後の□の中のひらがなを漢字になおして、**対義語**（意味が反対や対《つい》になることば）と、**類義語**（意味がよくにたことば）を書きなさい。□の中のひらがなは**一度だけ**使い、**漢字一字**を書きなさい。

（20）2×10

対義語

横長―（1）長

成熟―（2）熟

定例―（3）時

保守―（4）新

正面―（5）面

類義語

任務―役（6）

価格―（7）段

自分―自（8）

（九）漢字を二字組み合わせた熟語では、二つの漢字の間に意味の上で、次のような関係があります。

（20）2×10

ア 反対や対《つい》になる意味の字を組み合わせたもの。（例…**強弱**）

イ 同じような意味の字を組み合わせたもの。（例…**進行**）

ウ 上の字が下の字の意味を説明（修飾《しょく》）しているもの。（例…**国旗**）

エ 下の字から上の字へ返って読むと意味がよくわかるもの。（例…**消火**）

次の**熟語**は、右のア〜エのどれにあたるか、**記号**で答えなさい。

1 灰色

2 洗面

3 開閉

4 存在

6 負傷

7 干満

8 死亡

9 帰宅

（十）次の――線の**カタカナ**を**漢字**になおしなさい。

（40）2×20

1 白鳥が湖に**スガタ**を現した。

2 牧場でヤギの**チチ**しぼりを体験した。

3 荷物を整理するのに**ホネ**が折れた。

4 森の中できれいな**イズミ**を見つけた。

5 **キチョウ**なふすま絵が公開された。

6 市の年度別人口を**ボウ**グラフに表す。

7 店の**ハデ**な看板が人の目を引く。

8 順路に**シタガ**って城内を見学する。

9 友達とけんかした**ワケ**を母に話す。

10 公園の**カクチョウ**工事が始まる。

大木―大（9）
役者―俳（10）

かく・こ・じゅ・たて・ね
はい・み・ゆう・りん・わり

（八）後の□の中から漢字を選んで、次の意味にあてはまる**熟語**を作りなさい。答えは**記号**で書きなさい。（10）2×5

〈例〉本をよむこと。（読書）　シ　サ

1 ほんの少しまえ。
2 内部に取り入れること。
3 よい悪いを見分けて考えを述べること。
4 卒業した学校がおなじであること。
5 非常にいそぐこと。

ア 評　イ 窓　ウ 批　エ 急
オ 同　カ 至　キ 収　ク 寸
ケ 吸　コ 前　サ 書　シ 読

5 当落

10 砂鉄

（十）次の――線の**カタカナ**を**漢字**になおしなさい。（20）2×10

1 熱湯に**シオ**を入れて枝豆をゆでる。
2 **シオ**の引いた岩場でカニを見つけた。
3 台風で列車のダイヤが混**ラン**する。
4 展**ラン**会の案内状が届いた。
5 オリンピック会場に**セイ**火がともる。
6 **セイ**限速度を守って運転する。
7 直**ケイ**六センチの円をかく。
8 **ケイ**統立ててわかりやすく話す。
9 山の中**フク**から景色をながめる。
10 薬の**フク**作用でねむくなった。
11 詩の**ロウドク**に耳をかたむける。
12 大雨で遠足が**エンキ**になった。
13 姉と私は音楽の好みが全く**コト**なる。
14 王女の**タンジョウ**を国民が祝福する。
15 人間の**ズノウ**が科学技術を進歩させた。
16 本堂に安置された仏像を**オガ**む。
17 おくり物をきれいに**ホウソウ**する。
18 河原に**ス**てられた空きかんを拾う。
19 この道路は見通しが悪くて**キケン**だ。
20 のどもと過ぎれば熱さを**ワス**れる

▼解答は別冊22・23ページ

(一) 次の——線の漢字の読みをひらがなで書きなさい。

(20) 1×20

1 父の郷里からりんごが届いた。
2 机の中のいらない物を捨てる。
3 誕生日に自転車を買ってもらう。
4 日が暮れて西の空に一番星が光る。
5 友達とけんかした訳を先生に話す。
6 系統立てて説明するとわかりやすい。
7 この記念館は創設されて五年になる。
8 地域ぐるみで子供の安全を守る。
9 絹の糸で美しいじゅうたんを織る。

(二) 次の漢字の部首と部首名を後の□の中から選び、記号で答えなさい。

(10) 1×10

〈例〉返　部首（う）　部首名（ク）

	部首	部首名
認	（1）	（2）
盟	（3）	（4）
郵	（5）	（6）
署	（7）	（8）
冊	（9）	（10）

あ 土　い 一　う 辶　え 冂
お 言　か 日　き 罒　く 阝
け 心　こ 皿

ア さら
イ どうがまえ けいがまえ まきがまえ

(四) 次の——線のカタカナの部分を漢字一字と送りがな（ひらがな）になおしなさい。

(10) 2×5

〈例〉クラブのきまりをサダメル。　定める

1 朝からずっと歯がイタイ。
2 学校にかさをワスレル。
3 料理にごま油をタラス。
4 王様が家臣をシタガエル。
5 相手をウヤマウ心を持つ。

(五) 漢字の読みには音と訓があります。次の熟語の読みは□の中のどの組み合わせになっていますか。ア～エの記号で答えなさい。

(20) 2×10

ア 音と音　イ 音と訓
ウ 訓と訓　エ 訓と音

10 実に的を射た意見だと感心する。

11 若い落語家がけいこにはげむ。

12 味方の応援《えん》に選手が奮い立つ。

13 妹は病気が治って退院した。

14 期日までに納税を済ませる。

15 和室の障子に庭木のかげが映る。

16 姉は祖母に洋裁を習っている。

17 かみなりの音に身が縮んだ。

18 空港に至る道路が整備された。

19 新しい庁舎がもうすぐ完成する。

20 何となく寒いと我は思うのみ

ウ あみがしら あみめ よこめ　エ ひ
オ つち　カ ごんべん
キ こころ　ク しんにょう しんにゅう
ケ おおざと　コ いち

(三) 次の漢字の**太い画**のところは**筆順の何画目**か、また**総画数は何画**か、**算用数字**（1、2、3…）で答えなさい。 (10) 1×10

〈例〉**定**（何画目 5）（総画数 8）

	何画目	総画数
呼	（1）	（2）
灰	（3）	（4）
考	（5）	（6）
詞	（7）	（8）
収	（9）	（10）

1 土手　2 縦笛　3 定刻　4 布地　5 片道

6 水源　7 弱気　8 養蚕　9 口紅　10 本筋

(六) 次の**カタカナ**を**漢字**になおし、**一字**だけ書きなさい。 (20) 2×10

1 **ウ**宙遊泳
2 優先**ザ**席
3 世**ロン**調査
4 酸素**キュウ**入
5 自己負**タン**
6 基本方**シン**
7 温**ダン**前線
8 **ユウ**名無実
9 雨天順**エン**
10 危急**ソン**亡

(七) 後の□の中のひらがなを漢字になおして、**対義語**（意味が反対や対《つい》になることば）と、**類義語**（意味がよくにたことば）を書きなさい。□の中のひらがなは**一度だけ**使い、**漢字一字**を書きなさい。

(20)
2×10

対義語

実物―（1）型

定例―（2）時

満潮―（3）潮

正常―（4）常

否決―（5）決

類義語

役目―役（6）

作者―（7）者

広告―（8）伝

(九) 漢字を二字組み合わせた熟語では、二つの漢字の間に意味の上で、次のような関係があります。

(20)
2×10

ア 反対や対《つい》になる意味の字を組み合わせたもの。（例…**強弱**）

イ 同じような意味の字を組み合わせたもの。（例…**進行**）

ウ 上の字が下の字の意味を説明（修飾《しょく》）しているもの。（例…**国旗**）

エ 下の字から上の字へ返って読むと意味がよくわかるもの。（例…**消火**）

次の**熟語**は、右のア～エのどれにあたるか、**記号**で答えなさい。

1 閉幕

2 困苦

3 裏側

4 去来

6 悲劇

7 加減

8 重視

9 在宅

(十) 次の――線の**カタカナ**を**漢字**になおしなさい。

(40)
2×20

1 **マド**を開けると一面の銀世界だった。

2 全校集会で学年ごとに**ナラ**ぶ。

3 試合は前半から**モ**り上がった。

4 **ワタクシ**の姉は大学生です。

5 心理学の**センモン**家に意見を聞く。

6 日本国**ケンポウ**の前文を覚える。

7 **ムネ**のすくような逆転ゴールだ。

8 災害に備えて**タイサク**を練る。

9 公園の遊歩道が**カクチョウ**される。

10 山寺の**イシダン**に落ち葉が積もる。

次週―（9）週

向上―発（10）

い・か・かん・せん・ちょ てん・も・よく・りん・わり

(八) 後の□の中から漢字を選んで、次の意味にあてはまる**熟語**を作りなさい。答えは**記号**で書きなさい。 (10) 2×5

〈例〉本をよむこと。（読書） シ サ

1 けがをすること。
2 生活や行いのもとになるきまり。
3 人の力では考えられないような不思議。
4 一生の終わりに近い時期。
5 こみ入っていない様子。

ア 秘	イ 規	ウ 純	エ 年
オ 律	カ 晩	キ 傷	ク 神
ケ 負	コ 単	サ 書	シ 読

5 乱雑

10 改革

(十) 次の――線の**カタカナ**を**漢字**になおしなさい。 (20) 2×10

1 国**ホウ**の絵巻物が公開された。
2 文化交流のため外国を**ホウ**問する。
3 東京までの往**フク**乗車券を買う。
4 山の中**フク**までバスで登った。
5 里山に残る自然を**ホ**護する。
6 屋根の**ホ**修工事が始まった。
7 おじは大学の教**ジュ**になった。
8 卒業の記念に桜を植**ジュ**する。
9 母は駅前の銀行に**ツト**めている。
10 水不足のため節水に**ツト**める。
11 清らかな**イズミ**に手をひたす。
12 町の美化活動を**スイシン**する。
13 主要な都市の人口**ミツド**を調べた。
14 歴史的に**カチ**のある土器が出土した。
15 切り**カブ**に腰《こし》を下ろして休む。
16 週末まで**キビ**しい寒さが続く。
17 安全**ソウチ**の付いたストーブを使う。
18 墓前に花を供えて**オガ**む。
19 魚の骨を取り**ノゾ**いて調理する。
20 悪に強いは**ゼン**にも強い

▼解答は別冊24・25ページ

（一）

次の——線の**漢字の読み**を**ひらがな**で書きなさい。 (20) 1×20

1 優勝した力士の顔に喜びがあふれる。
2 プリントの枚数を確かめる。
3 走る蒸気機関車の写真をとる。
4 正月のごちそうに舌つづみを打つ。
5 針の穴にうまく糸が通せない。
6 旅先で宿の近くを散策した。
7 鋼鉄は自動車の車体の材料になる。
8 毎日、筋力トレーニングにはげむ。
9 他国の文化や宗教について知る。

（二）

次の漢字の**部首**と**部首名**を後の□の中から選び、**記号**で答えなさい。 (10) 1×10

〈例〉返　部首〔う〕　部首名〔ク〕

	部首	部首名
脳	〔1〕	〔2〕
宇	〔3〕	〔4〕
除	〔5〕	〔6〕
座	〔7〕	〔8〕
聖	〔9〕	〔10〕

あ 𠆢　い 月　う 辶　え 广
お 山　か 口　き 耳　く 宀
け 阝　こ 厂

ア こざとへん　イ まだれ

（四）

次の——線の**カタカナ**の部分を**漢字一字と送りがな（ひらがな）**になおしなさい。 (10) 2×5

〈例〉クラブのきまりを**サダメル**。　定める

1 不要になったメモを**ステル**。
2 祖父は年齢《れい》より**ワカク**見られる。
3 目を**ウタガウ**ような光景だ。
4 おじの**ツトメル**会社は駅前にある。
5 遊びに行く前に宿題を**スマス**。

（五）

漢字の読みには**音**と**訓**があります。次の**熟語の読み**は□の中のどの組み合わせになっていますか。ア〜エの**記号**で答えなさい。 (20) 2×10

ア 音と音　イ 音と訓
ウ 訓と訓　エ 訓と音

10 調理を終えてガスの元せんを閉める。

11 冬至は一年で最も昼の時間が短い。

12 昨夜から雨が降り続いている。

13 厳しい練習を積んで大会にのぞむ。

14 遊覧船に乗って島めぐりをした。

15 順路に従って工場内を見学する。

16 日ごろから善い行いを心がける。

17 校内のきまりについて討論する。

18 町の美化運動を推進する。

19 約束が守れなかった訳を話す。

20 ふとん着てねたる姿や東山

ウ ひとやね	エ くち
オ わかんむり	カ にくづき
キ がんだれ	ク しんにょう しんにゅう
ケ みみ	コ うかんむり

(三) 次の漢字の**太い画**のところは**筆順の何画目**か、また**総画数は何画**か、**算用数字**（1、2、3…）で答えなさい。 (10) 1×10

〈例〉 **定** 何画目（5） 総画数（8）

	何画目	総画数
閣	（1）	（2）
裁	（3）	（4）
胸	（5）	（6）
皇	（7）	（8）
陛	（9）	（10）

---

1 無口

2 割引

3 温泉

4 布製

5 創造

6 灰皿

7 吸収

8 古傷

9 茶畑

10 場面

(六) 次の**カタカナ**を**漢字**になおし、**一字**だけ書きなさい。 (20) 2×10

1 自**コ**満足

2 **エイ**像技術

3 自然**イ**産

4 集合住**タク**

5 速達**ユウ**便

6 準備体**ソウ**

7 **セン**伝効果

8 単**ジュン**明快

9 野外**ゲキ**場

10 一**キョ**両得

(七) 後の□の中のひらがなを漢字になおして、**対義語**（意味が反対や対《つい》になることば）と、**類義語**（意味がよくにたことば）を書きなさい。□の中のひらがなは**一度だけ**使い、**漢字一字**を書きなさい。

(20) 2×10

対義語

寒冷―温（1）

延長―短（2）

義務―（3）利

地味―（4）手

横断―（5）断

類義語

感動―感（6）

苦言―忠（7）

明日―（8）日

(九) 漢字を二字組み合わせた熟語では、二つの漢字の間に意味の上で、次のような関係があります。

(20) 2×10

ア 反対や対《つい》になる意味の字を組み合わせたもの。（例…**強弱**）

イ 同じような意味の字を組み合わせたもの。（例…**進行**）

ウ 上の字が下の字の意味を説明（修飾《しょく》）しているもの。（例…**国旗**）

エ 下の字から上の字へ返って読むと意味がよくわかるもの。（例…**消火**）

次の**熟語**は、右のア～エのどれにあたるか、**記号**で答えなさい。

1 家宝

2 難易

3 存在

4 植樹

6 運賃

7 立腹

8 発着

9 肥満

(十) 次の――線の**カタカナ**を**漢字**になおしなさい。

(40) 2×20

1 卒業式の式場に**コウハク**の幕を張る。

2 給食当番が**ギュウニュウ**を配った。

3 名前を**ヨ**ばれてふり返る。

4 実験に使った試験管を**アラ**う。

5 **オサナ**いころからピアニストを志す。

6 西の海が真っ赤な夕日に**ソ**まった。

7 本堂に安置された仏像を**オガ**む。

8 **ウラニワ**に小さな池を作る。

9 台所で野菜を**キザ**む音がする。

10 海外の一流選手と肩《かた》を**ナラ**べる。

進歩―発（9）

反対―（10）議

い・げき・けん・こく・じゅう
しゅく・だん・てん・は・よく

(八) 後の□の中から漢字を選んで、次の意味にあてはまる**熟語**を作りなさい。答えは**記号**で書きなさい。 (10) 2×5

〈例〉本をよむこと。（読書） シ サ

1 光や熱などが物に当たってはね返ること。

2 生まれ育った土地。

3 よい悪いを見分けて考えを述べること。

4 心が明るくなるような知らせ。

5 勇気をふるいおこすこと。

ア 批	イ 奮	ウ 射	エ 郷
オ 反	カ 里	キ 報	ク 評
ケ 起	コ 朗	サ 書	シ 読

5 可否

10 諸国

(十) 次の――線の**カタカナ**を**漢字**になおしなさい。 (20) 2×10

1 **ケイ**察官が街をパトロールする。

2 「**ケイ**老の日」は国民の祝日だ。

3 兄から**カン**単な手品を教わった。

4 連続ドラマは次回で**カン**結する。

5 行進曲と**トモ**に選手が入場する。

6 祖母のお**トモ**をして神社に参る。

7 国会は**シュウ**議院と参議院から成る。

8 大統領が**シュウ**任の演説を行う。

9 相手の意見を尊**チョウ**する。

10 人気絶**チョウ**の歌手が引退する。

11 **ハイク**の季語について学習した。

12 大雪のため列車のダイヤが**ミダ**れた。

13 果物を食べてビタミンを**オギナ**う。

14 きりが晴れて**シカイ**が開けてきた。

15 手編みのマフラーを首に**マ**く。

16 フルートの**ドクソウ**に聞き入る。

17 **コショウ**した冷蔵庫を修理する。

18 博物館で鉄道の**モケイ**を見た。

19 この建物には歴史的な**カチ**がある。

20 犬も歩けば**ボウ**に当たる

▼解答は別冊26・27ページ

（一）次の――線の**漢字の読み**を**ひらがな**で記せ。
(30) 1×30

1 調査のため南極で越冬する。
2 樹齢三百年の大木を見上げる。
3 扇に模様が丹念に描かれている。
4 問題の解決に知恵をしぼる。
5 同姓のよしみで交際し始めた。
6 ついに馬脚をあらわした。
7 ものものしい警戒態勢が敷かれた。
8 密林で珍獣に出くわした。
9 部長の顔に苦悩の色が浮かんだ。
10 質問されて即座に答えた。
11 端麗な顔立ちが人目を引く。
12 事実が誇張されて伝わった。
13 だれの仕業か皆目わからない。
14 寸暇をおしんで勉強する。

（二）次の――線の**カタカナ**にあてはまる漢字をそれぞれの**ア～オ**から**一つ**選び、**記号にマーク**せよ。
(30) 2×15

1 **キョ**額の寄付金が集まった。
2 河川敷のごみを除**キョ**する。
3 駅前を**キョ**点に販路を広げる。
（ア 拠　イ 去　ウ 巨　エ 挙　オ 距）

4 レントゲンで胃を**トウ**視する。
5 **トウ**作が疑われている。
6 今までのやり方を**トウ**襲する。
（ア 踏　イ 闘　ウ 盗　エ 倒　オ 透）

7 議場は**ソウ**然となった。
8 事故で工場の**ソウ**業が停止した。
9 寺で老**ソウ**の法話を聞いた。
（ア 奏　イ 僧　ウ 騒　エ 操　オ 総）

10 脂**ボウ**分の少ない牛乳を飲む。
11 総会は**ボウ**頭から波乱含みだった。
12 級友の書道の腕前に脱**ボウ**した。
（ア 坊　イ 帽　ウ 傍　エ 冒　オ 肪）

（四）**熟語の構成**のしかたには次のようなものがある。
(20) 2×10

ア 同じような意味の漢字を重ねたもの　（**岩石**）
イ 反対または対応の意味を表す字を重ねたもの　（**高低**）
ウ 上の字が下の字を修飾しているもの　（**洋画**）
エ 下の字が上の字の目的語・補語になっているもの　（**着席**）
オ 上の字が下の字の意味を打ち消しているもの　（**非常**）

次の熟語は右の**ア～オ**のどれにあたるか、**一つ**選び、**記号にマーク**せよ。

1 送迎
2 離党
3 腐敗
4 因果
5 帰途

6 平凡
7 曇天
8 恐怖
9 未刊
10 起床

15 周囲から奇異の目で見られた。
16 二人は同じ結論に到達した。
17 誤差は微々たるものだった。
18 猛烈な勢いで犯人に体当たりした。
19 婚礼の日を待ち遠しく思う。
20 地震でビルの壁面がはがれ落ちた。
21 希望していた職に就いた。
22 背中に鈍い痛みを感じた。
23 弟の門出を家族皆で祝福する。
24 大雨に備えて堤を補強する。
25 柄にもなく神妙な顔つきだ。
26 向こう岸まで舟で渡る。
27 明日は在宅かどうか尋ねる。
28 兄の忠告に耳を傾ける。
29 スカートの丈を直した。
30 息子夫婦といっしょに暮らしている。

13 山できのこを**ト**る。
14 予約した宿に**ト**まる。
15 創作の筆を**ト**る。
（ア 富　イ 採　ウ 執　エ 泊　オ 跳）

(三) 1〜5の三つの□に**共通する漢字**を入れて熟語を作れ。漢字は**ア〜コ**から**一つ**選び、**記号にマーク**せよ。 (10) 2×5

1 □画・散□・□遊
2 □圧・被□・□丸
3 □力・敏□・□輪
4 民□・童□・□曲
5 繁□・利□・養□

ア 殖	イ 戯	ウ 茂	エ 弾	オ 漫
カ 腕	キ 謡	ク 衆	ケ 握	コ 威

(五) 次の漢字の**部首**を**ア〜エ**から**一つ**選び、**記号にマーク**せよ。 (10) 1×10

1 殿（ア 尸　イ 又　ウ 几　エ 殳）
2 至（ア 至　イ 土　ウ 厶　エ 一）
3 属（ア 冂　イ 尸　ウ 口　エ 虫）
4 額（ア 頁　イ 口　ウ 貝　エ 宀）
5 恋（ア 八　イ 、　ウ 亠　エ 心）
6 罰（ア 刂　イ 亠　ウ 罒　エ 言）
7 腰（ア 覀　イ 月　ウ 女　エ 罒）
8 裁（ア 土　イ 弋　ウ 衣　エ 戈）
9 寝（ア 冫　イ 冖　ウ 又　エ 宀）
10 砲（ア 石　イ 己　ウ し　エ 勹）

(六) 後の□内のひらがなを漢字に直して□に入れ、**対義語・類義語**を作れ。□内のひらがなは一度だけ使い、**答案用紙に一字記入**せよ。

(20) 2×10

対義語

1 歓声 ― □鳴
2 晩成 ― 早□
3 相違 ― 一□
4 複雑 ― 単□
5 短縮 ― □長

類義語

6 皮肉 ― □刺
7 専有 ― 独□
8 及第 ― 合□
9 可否 ― □非

(八) 文中の**四字熟語**の――線の**カタカナ**を漢字に直せ。**答案用紙に一字記入**せよ。

(20) 2×10

1 父は**不ゲン実行**の人だった。
2 **オ名返上**の機会がやってきた。
3 観月会で**一コク千金**の時を過ごした。
4 **晴耕雨ドク**の生活に喜びを見いだす。
5 収録された作品は**ギョク石混交**だった。
6 **名所キュウ跡**を訪ねて回る。
7 売り上げの**現ジョウ維持**に努める。
8 悪党を**一網ダ尽**にする。
9 **無理算ダン**して資金を用意した。

(十) 次の――線の**カタカナ**を**漢字**に直せ。

(40) 2×20

1 手土産に**ワガシ**を買い求める。
2 窓ガラスの**スイテキ**をぬぐう。
3 にわかに**ライウン**がわき起こった。
4 彼の嘆きようは**フツウ**ではなかった。
5 激しい**フンカ**で一帯に灰が積もった。
6 時候のあいさつは**ショウリャク**した。
7 店の派手な**カンバン**を目印にする。
8 魚を焼く火を**カゲン**する。
9 爆発の**シュンカン**を目撃した。
10 店内に新型自動車を**テンジ**している。

10 入手 ― 獲□

えん・かく・じゅく・じゅん
ぜ・せん・ち・とく
ひ・ふう

(七) 次の――線の**カタカナ**を**漢字一字**と**送りがな（ひらがな）**に直せ。 (10) 2×5

〈例〉問題に**コタエル**。 答える

1 中世に**キズカ**れた城門だ。

2 思い出が**アザヤカニ**よみがえる。

3 庭の梅の古木が**カレル**。

4 両者が最後まで首位を**アラソッ**た。

5 王が家臣にほうびを**サズケル**。

10 不測の事態に**冷静チン着**に対応する。

(九) 次の各文にまちがって使われている**同じ読みの漢字**が**一字**ある。**上に誤字**を、**下に正しい漢字**を記せ。 (10) 2×5

1 パイプラインが破損して原油が海に留出し生物への影響が心配される。

2 初舞台で見せた迫進の演技が絶賛を浴び、新人賞受賞の栄誉に輝いた。

3 遠征中の母校のサッカーチームが多彩な戦述を駆使して快勝した。

4 文化庁は文化財保護法の改正によりその憲限の一部を市町村に委ねた。

5 地図に載せる各種の情報は必要度の高いものから優専的に選ばれる。

11 太陽系の**ワクセイ**について学ぶ。

12 あまりにも**トウトツ**な幕切れだった。

13 係員に**ミチビ**かれて館内を見学する。

14 名前を**ヨ**ばれて振り返る。

15 境内の桜の木が**ク**ちた。

16 生き別れになって三十年を**ヘ**ていた。

17 野菜が**ノキナ**み値上がりした。

18 商品に**サワ**らないでください。

19 夜**オソ**くまで起きていた。

20 街は濃い**キリ**に包まれていた。

▼解答は別冊28・29ページ

4級

漢検

日本漢字能力検定　答案用紙

性別	生年月日
男 □	西暦　□□□□年　□□月　□□日　※印字されていない場合は、□の中に生年月日を記入。＜記入例＞生年月日が2001年（平成13年）1月1日なら　2001年01月01日
女 □	訂《てい》正 □　西暦　□□□□年　□□月　□□日　※生年月日に誤りがある場合、訂《てい》正□にマークし、□の中に正しい生年月日を記入。

マーク記入例

○のように□をきれいにぬりつぶしてください。　○　×

ご記入いただきました個人情報は、当協会の検定にかかわる業務にのみ使用します。

（ただし、検定にかかわる業務に際し、業務提携会社に作業を委託する場合があります。）

ご記入いただきました個人情報にかかわるお問い合わせは、下記までお願いします。

（公財）日本漢字能力検定協会　https://www.kanken.or.jp/privacy/

注意点がうらにありますので、よく読んでから解答してください。

㈠・㈥～㈩は記述式、㈡～㈤はマークシート方式です。

㈡～㈤の答えは該《がい》当する□に一つだけマークしてください。

この用紙をおりまげたり、よごしたりしないでください。

㈠ 読み (30)

11	10	9	8	7	6	5	4	3	2	1

1×30

㈡ 同音・同訓異字 (30)

11	10	9	8	7	6	5	4	3	2	1
ア イ ウ エ オ	ア イ ウ エ オ	ア イ ウ エ オ	ア イ ウ エ オ	ア イ ウ エ オ	ア イ ウ エ オ	ア イ ウ エ オ	ア イ ウ エ オ	ア イ ウ エ オ	ア イ ウ エ オ	ア イ ウ エ オ

2×15

㈣ 熟語の構成 (20)

7	6	5	4	3	2	1
ア イ ウ エ オ	ア イ ウ エ オ	ア イ ウ エ オ	ア イ ウ エ オ	ア イ ウ エ オ	ア イ ウ エ オ	ア イ ウ エ オ

2×10

〈悪い例〉　※〈良い例〉のように□をきれいにぬりつぶしてください。

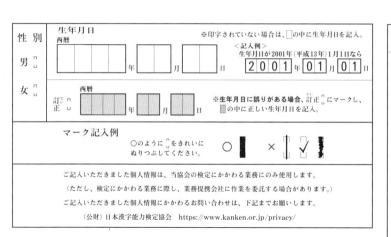

訂正 ▯

※氏名に誤りがある場合、右上の訂正▯にマークし、正しい氏名を記入。

ふりがな	
氏名	

※印字されていない場合は氏名を記入。

受検番号

0 1 2 3 4 5 6 7 8 9	0 1 2 3 4 5 6 7 8 9	0 1 2 3 4 5 6 7 8 9	0 1 2 3 4 5 6 7 8 9	0 1 2 3 4 5 6 7 8 9	0 1 2 3 4 5 6 7 8 9

会場名

会場番号

0 1 2 3 4 5 6 7 8 9	0 1 2 3 4 5 6 7 8 9	0 1 2 3 4 5 6 7 8 9	0 1 2 3 4 5 6 7 8 9	0 1 2 3 4 5 6 7 8 9	0 1 2 3 4 5 6 7 8 9	0 1 2 3 4 5 6 7 8 9

12	13	14	15	16	17	18	19	20	21	22	23	24	25	26	27	28	29	30

12	13	14	15
ア イ ウ エ オ	ア イ ウ エ オ	ア イ ウ エ オ	ア イ ウ エ オ

(三) 漢字識別 (10)

1		2		3		4		5	
ア イ ウ エ オ	カ キ ク ケ コ	ア イ ウ エ オ	カ キ ク ケ コ	ア イ ウ エ オ	カ キ ク ケ コ	ア イ ウ エ オ	カ キ ク ケ コ	ア イ ウ エ オ	カ キ ク ケ コ

2×5

8	9	10
ア イ ウ エ オ	ア イ ウ エ オ	ア イ ウ エ オ

(五) 部首 (10)

1	2	3	4	5	6	7	8	9	10
ア イ ウ エ	ア イ ウ エ	ア イ ウ エ	ア イ ウ エ	ア イ ウ エ	ア イ ウ エ	ア イ ウ エ	ア イ ウ エ	ア イ ウ エ	ア イ ウ エ

1×10

マーク記入方法	▯の上から下までＨＢ・Ｂ・２Ｂの鉛筆またはシャープペンシルできれいにぬりつぶしてください。 間違ってマークしたものは鉛筆の黒いあとが残らないように消しゴムできれいに消してください。
マーク記入注意	次のような解答は機械が正しく読み取らず、無効となりますのでご注意ください。 ボールペンでのマーク・うすいマーク・▯からはみ出ているマーク・▯を２つ以上ぬりつぶしているマーク

マーク記入例　アが正解　〈良い例〉

（六）対義語・類義語（20）

10	9	8	7	6	5	4	3	2	1

2×10

（七）漢字と送りがな（10）

2	1

2×5

（八）四字熟語（20）

10	9	8	7	6	5	4	3	2	1

2×10

（九）誤字訂正（10）

1	
	誤
	正

2×5

（十）書き取り（40）

12	11	10	9	8	7	6	5	4	3	2	1

2×20

しないでください。答えが書けなくても必ず提出してください。

誤答となることがありますので、ご注意ください。

〔注　意　点〕

① 答えはすべてこの用紙に書きなさい。
② あいずがあるまで、はじめてはいけません。(時間は60分です。)
③ 問題についての説明はありませんので、問題をよく読んでから答えを書きなさい。
④ 答えは、ＨＢ・Ｂ・２Ｂの鉛筆またはシャープペンシルで書きなさい。(**ボールペンや万年筆等は使用しないこと**)
⑤ 答えは、**楷《かい》書**でわく内いっぱいに**大きくはっきり**書きなさい。
とくに漢字の**書き取り問題**では**はねるところ・とめるところ**など、はっきり書きなさい。
行書体や草書体のようにくずした字や、乱雑な字は**検定の対象**にはなりません。
〈続けて書いてはいけないところ〉
例 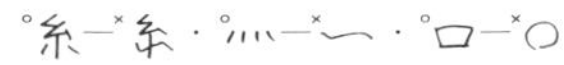

△合否その他に関する問い合わせにはいっさい応じられません。
(公財) 日本漢字能力検定協会
〔不 許 複 製〕

5	4	3

5	4	3	2

20	19	18	17	16	15	14	13

これより下は記入しないこと。

年度　回　日程　級

この用紙はおりまげたり、よごしたり

乱雑な字や、うすくて読みにくい字は

常用漢字表 付表（熟字訓・当て字など）

＊小・中・高：小学校・中学校・高等学校のどの時点で学習するかの割り振《ふ》りを示した。

※以下に挙げられている語を構成要素の一部とする熟語に用いてもかまわない。

例「河岸（かし）」→「魚河岸（うおがし）」／「居士（こじ）」→「一言居士（いちげんこじ）」

付表1

語	読み	小	中	高
明日	あす	●		
小豆	あずき		●	
海女・海士	あま			●
硫黄	いおう		●	
意気地	いくじ		●	
田舎	いなか		●	
息吹	いぶき			●
海原	うなばら		●	
乳母	うば		●	
浮気	うわき			●
浮つく	うわつく		●	
笑顔	えがお		●	

語	読み	小	中	高
叔父・伯父	おじ		●	
大人	おとな	●		
乙女	おとめ		●	
叔母・伯母	おば		●	
お巡りさん	おまわりさん		●	
お神酒	おみき			●
母屋・母家	おもや			●
母さん	かあさん	●		
神楽	かぐら			●
河岸	かし			●
鍛冶	かじ		●	
風邪	かぜ		●	

語	読み	小	中	高
固唾	かたず		●	
仮名	かな		●	
蚊帳	かや			●
為替	かわせ		●	
河原・川原	かわら	●		
昨日	きのう	●		
今日	きょう	●		
果物	くだもの	●		
玄人	くろうと			●
今朝	けさ	●		
景色	けしき	●		
心地	ここち		●	

語	読み	小	中	高
居士	こじ			●
今年	ことし	●		
早乙女	さおとめ		●	
雑魚	ざこ			●
桟敷	さじき			●
差し支える	さしつかえる		●	
五月	さつき		●	
早苗	さなえ		●	
五月雨	さみだれ		●	
時雨	しぐれ		●	
尻尾	しっぽ		●	
竹刀	しない		●	
老舗	しにせ		●	
芝生	しばふ		●	
清水	しみず	●		
三味線	しゃみせん		●	
砂利	じゃり		●	

語	読み	小	中	高
数珠	じゅず			●
上手	じょうず	●		
白髪	しらが		●	
素人	しろうと			●
師走	しわす(しはす)			●
数寄屋・数奇屋	すきや			●
相撲	すもう		●	
草履	ぞうり		●	
山車	だし			●
太刀	たち		●	
立ち退く	たちのく		●	
七夕	たなばた	●		
足袋	たび		●	
稚児	ちご			●
一日	ついたち	●		
築山	つきやま			●
梅雨	つゆ		●	

語	読み	小	中	高
凸凹	でこぼこ		●	
手伝う	てつだう	●		
伝馬船	てんません			●
投網	とあみ			●
父さん	とうさん	●		
十重二十重	とえはたえ			●
読経	どきょう			●
時計	とけい	●		
友達	ともだち	●		
仲人	なこうど			●
名残	なごり		●	
雪崩	なだれ		●	
兄さん	にいさん	●		
姉さん	ねえさん	●		
野良	のら			●
祝詞	のりと			●
博士	はかせ	●		

語	読み	小	中	高
二十・二十歳	はたち		●	
二十日	はつか	●		
波止場	はとば		●	
一人	ひとり	●		
日和	ひより		●	
二人	ふたり	●		
二日	ふつか	●		
吹雪	ふぶき		●	
下手	へた	●		
部屋	へや	●		
迷子	まいご	●		
真面目	まじめ	●		
真っ赤	まっか	●		
真っ青	まっさお	●		
土産	みやげ		●	
息子	むすこ		●	
眼鏡	めがね	●		

語	読み	小	中	高
猛者	もさ			●
紅葉	もみじ		●	
木綿	もめん		●	
最寄り	もより		●	
八百長	やおちょう			●
八百屋	やおや	●		
大和	やまと		●	
弥生	やよい		●	
浴衣	ゆかた			●
行方	ゆくえ		●	
寄席	よせ			●
若人	わこうど		●	

付表2

語	読み	小	中	高
愛媛	えひめ	●		
茨城	いばらき	●		
岐阜	ぎふ	●		
鹿児島	かごしま	●		
滋賀	しが	●		
宮城	みやぎ	●		
神奈川	かながわ	●		
鳥取	とっとり	●		
大阪	おおさか	●		
富山	とやま	●		
大分	おおいた	●		
奈良	なら	●		

都道府県名

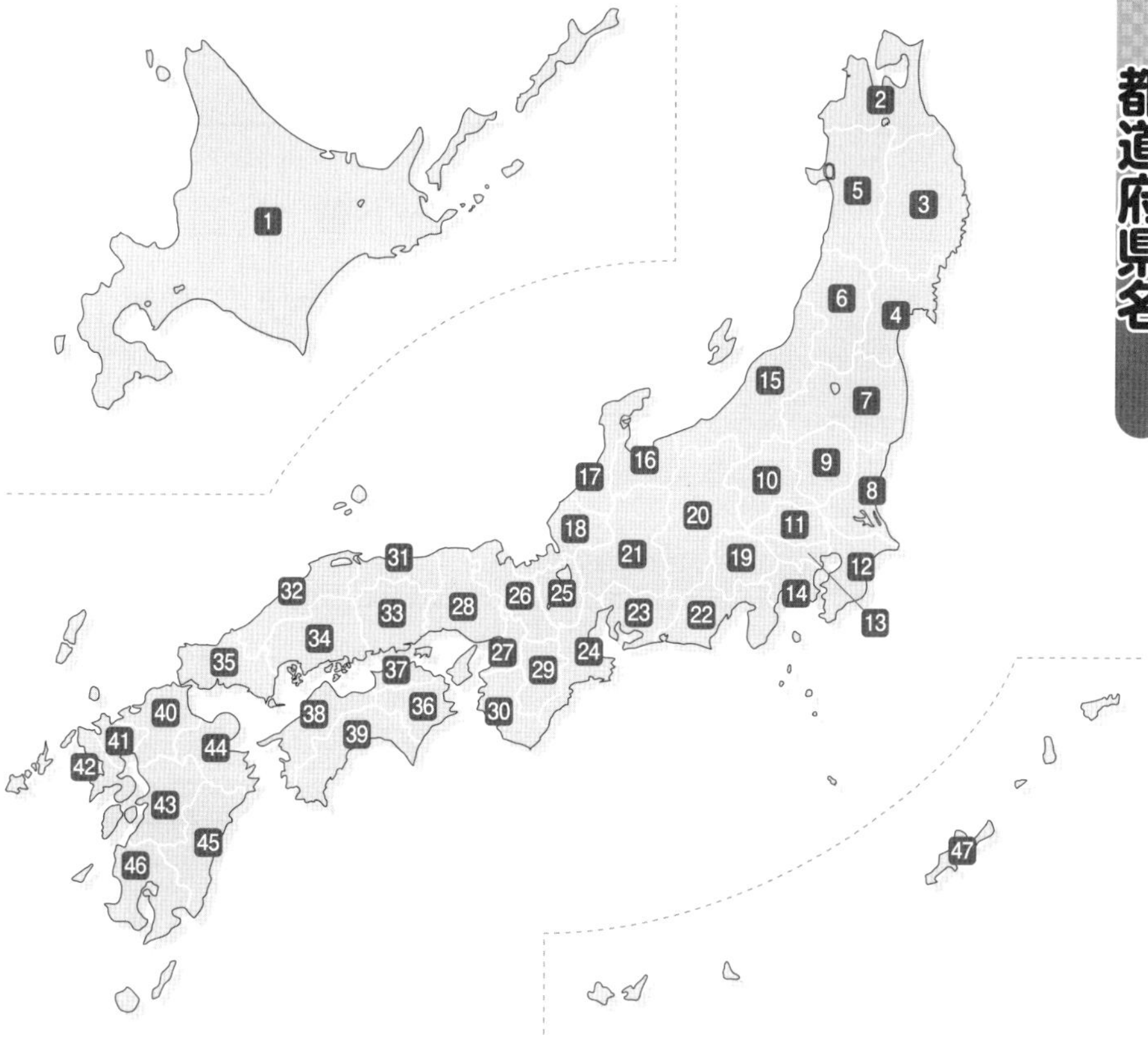

16	15	14	13	12	11	10	9	8	7	6	5	4	3	2	1
富山《とやま》県	新潟《にいがた》県	神奈川《かながわ》県	東京都《とうきょうと》	千葉《ちば》県	埼玉《さいたま》県	群馬《ぐんま》県	栃木《とちぎ》県	茨城《いばらき》県	福島《ふくしま》県	山形《やまがた》県	秋田《あきた》県	宮城《みやぎ》県	岩手《いわて》県	青森県《あおもりけん》	北海道《ほっかいどう》

32	31	30	29	28	27	26	25	24	23	22	21	20	19	18	17
島根《しまね》県	鳥取《とっとり》県	和歌山《わかやま》県	奈良《なら》県	兵庫《ひょうご》県	大阪《おおさか》府	京都府《きょうとふ》	滋賀《しが》県	三重《みえ》県	愛知《あいち》県	静岡《しずおか》県	岐阜《ぎふ》県	長野《ながの》県	山梨《やまなし》県	福井《ふくい》県	石川《いしかわ》県

47	46	45	44	43	42	41	40	39	38	37	36	35	34	33
沖縄《おきなわ》県	鹿児島《かごしま》県	宮崎《みやざき》県	大分《おおいた》県	熊本《くまもと》県	長崎《ながさき》県	佐賀《さが》県	福岡《ふくおか》県	高知《こうち》県	愛媛《えひめ》県	香川《かがわ》県	徳島《とくしま》県	山口《やまぐち》県	広島《ひろしま》県	岡山《おかやま》県

●本書に関するアンケート●

今後の出版事業に役立てたいと思いますので、アンケートにご協力ください。抽選《ちゅうせん》で粗品《そしな》をお送りします。

◆PC・スマートフォンの場合

下記URL、または二次元コードから回答画面に進み、画面の指示に従ってお答えください。

https://www.kanken.or.jp/kanken/textbook/past.html

◆愛読者カード（ハガキ）の場合

本書挟《はさ》み込《こ》みのハガキに切手を貼《は》り、お送りください。

漢検 5級 過去問題集

2024年3月25日　第1版第2刷　発行
編　者　公益財団法人 日本漢字能力検定協会
発行者　山崎　信夫
印刷所　大日本印刷株式会社

発行所　公益財団法人 日本漢字能力検定協会
〒605-0074 京都市東山区祇園町南側551番地
☎(075)757-8600
ホームページhttps://www.kanken.or.jp/

ISBN978-4-89096-492-5 C0081
乱丁・落丁本はお取り替えいたします。

公益財団法人 日本漢字能力検定協会

漢検

漢検 過去問題集 5級

標準解答

目次

5級

別冊

本体からはなしてお使いください。

漢検 公益財団法人 日本漢字能力検定協会

700492 (1-2)

(一) 読み (20) 1×20

1	2	3	4	5	6	7	8	9	10	11	12
ま	あな	はいく	こうふん	おさな	たっと とうと	ほうりつ	すな	つうかん	しょめい	ほ	とうぎ

(二) 部首と部首名(記号) (10) 1×10

1	2	3	4	5	6	7	8	9	10
き	ケ	こ	カ	く	ウ	か	エ	あ	イ

合格者平均得点 9.4/10

(四) 漢字と送りがな(ひらがな) (10) 2×5

1	2	3	4	5
捨てる	激しい	敬う	並ぶ	預ける

合格者平均得点 8.9/10

(五) 音と訓(記号) (20) 2×10

1	2	3	4
ア	ウ	エ	イ

(六) 四字の熟語(一字) (20) 2×10

1	2	3	4	5	6	7	8	9	10
映	策	模	宙	操	危	蒸	衆	賛	宣

合格者平均得点 17.4/20

(八) 熟語作り(記号) (10) 2×5

1	2	3	4	5
ケ	キ	ク	イ	ウ
ア	エ	カ	コ	オ

合格者平均得点 9.1/10

(九) 熟語の構成(記号) (20) 2×10

1	2	3	4	5	6	7	8	9
エ	ア	エ	イ	ウ	イ	ウ	エ	ウ

(十) 漢字 (40) 2×20

1	2	3	4	5	6	7	8	9	10	11	12
届	灰色	牛乳	我	展覧	看板	机	訳	座席	解除	勤	胸

合格者平均得点 19.0/20

20	19	18	17	16	15	14	13
しょうじ	おが	ざっこく	せすじ	しゅうきょう	みと	しょくじゅ	みなもと

合格者平均得点 8.8/10

10	9	8	7	6	5	4	3	2	1
4	2	11	8	8	6	7	3	10	7

1×10

(三 画数（算用数字） (1

合格者平均得点 15.2/20

10	9	8	7	6	5
ア	イ	ウ	エ	ア	ウ

合格者平均得点 17.0/20

10	9	8	7	6	5	4	3	2	1
誠	郷	著	域	担	疑	垂	密	裏	縮

2×10

(七 文章読・熟語読（一字） (2

合格者平均得点 16.6/20

10	9	8	7	6	5	4	3	2	1
優	郵	制	聖	備	供	盟	鳴	救	吸

2×10

(十) 同じ読みの漢字 (20)

合格者平均得点 16.5/20

10
ア

学習日 月 日

/200

合格者平均得点 34.0/40

20	19	18	17	16	15	14	13
腹	独奏	発揮	補	染	権利	簡潔	拡張

(一) 読み (20)

1	2	3	4	5	6	7	8	9	10	11	12
も	す	いさん	あら	ぎゅうにゅう	ちぢ	ふたん	よ	ちゅうふく	うちわけ	たいさく	いずみ

1×20

(二) 部首と部首名(記号) (10)

1	2	3	4	5	6	7	8	9	10
え	キ	い	カ	け	オ	く	イ	か	ア

1×10

合格者平均得点 9.1/10

(四) 漢字と送りがな(ひらがな) (10)

1	2	3	4	5
並べる	幼い	補う	忘れる	拝む

2×5

合格者平均得点 8.9/10

(五) 音と訓(記号) (20)

1	2	3	4
ア	ウ	ア	エ

2×10

(六) 四字の熟語(一字) (20)

1	2	3	4	5	6	7	8	9	10
密	片	党	己	装	誌	郵	断	処	亡

2×10

合格者平均得点 16.7/20

(八) 熟語作り(記号) (10)

1	2	3	4	5
コ	ケ	ウ	ク	キ
エ	イ	カ	ア	オ

2×5

合格者平均得点 8.9/10

(九) 熟語の構成(記号) (20)

1	2	3	4	5	6	7	8	9
イ	ア	エ	ウ	イ	ア	ウ	エ	ウ

2×10

(十) 漢字 (40)

1	2	3	4	5	6	7	8	9	10	11	12
骨	乱	紅	権利	劇	王座	専門	糖分	私語	干	染	異

2×20

13	14	15	16	17	18	19	20
もしゃ	はげ	しき	ずのう	せいゆう	かいこ	えんせん	じぞう

合格者平均得点 18.8／20

(三 画数（算用数字）(10

1	2	3	4	5	6	7	8	9	10
8	11	4	7	8	10	9	11	1	14

1×10

合格者平均得点 8.6／10

5	6	7	8	9	10
イ	ウ	エ	イ	ウ	ア

合格者平均得点 13.2／20

(七 対義語・類義語（一字）(2

1	2	3	4	5	6	7	8	9	10
縦	臨	簡	疑	就	段	域	論	将	革

2×10

合格者平均得点 17.1／20

10
イ

合格者平均得点 16.3／20

(十) 同じ読みの漢字 (20)

1	2	3	4	5	6	7	8	9	10
頂	庁	棒	暴	供	備	著	貯	支	視

2×10

合格者平均得点 16.5／20

13	14	15	16	17	18	19	20
遊覧	興奮	延期	絹	従	朗読	刻	痛

合格者平均得点 34.3／40

学習日 月 日

／200

(一) 読み (20) 1×20

1	2	3	4	5	6	7	8	9	10	11	12
つくえ	かぶ	まく	しげん	ふる	さが	ちょうしゃ	こくもつ	どくそうてき	はん	ゆうし	そな

(二) 部首と部首名(記号) (10) 1×10

1	2	3	4	5	6	7	8	9	10
く	イ	け	キ	あ	コ	お	カ	い	エ

合格者平均得点 9.4/10

(四) 漢字と送りがな(ひらがな) (10) 2×5

1	2	3	4	5
届ける	従う	捨てる	厳しく	染まる

合格者平均得点 8.7/10

(五) 音と訓(記号) (20) 2×10

1	2	3	4
ア	ウ	エ	ア

(六) 四字の熟語(一字) (20) 2×10

1	2	3	4	5	6	7	8	9	10
吸	密	権	郵	疑	蒸	断	郷	退	専

合格者平均得点 16.8/20

(八) 熟語作り(記号) (10) 2×5

1	2	3	4	5
ケ	ウ	エ	カ	コ
キ	オ	イ	ク	ア

合格者平均得点 9.3/10

(九) 熟語の構成(記号) (20) 2×10

1	2	3	4	5	6	7	8	9
イ	ア	ウ	エ	イ	ウ	イ	ウ	ア

(十) 漢字 (40) 2×20

1	2	3	4	5	6	7	8	9	10	11	12
洗	暮	忘	干	俳句	高層	砂	指揮	盛	優勝	絹	体操

13	14	15	16	17	18	19	20
みあやま	かし	だいきぼ	かいこ	みと	かわぞ	ひきょう	ぜっちょう

合格者平均得点 19.0 / 20

(三) 画数（算用数字）(1

1	2	3	4	5	6	7	8	9	10
7	8	4	7	2	4	6	10	11	12

1 × 10

合格者平均得点 9.1 / 10

5	6	7	8	9	10
イ	ウ	イ	ア	ウ	エ

合格者平均得点 13.3 / 20

(七) 対義語・類義語（一字）(2

1	2	3	4	5	6	7	8	9	10
困	縦	暖	純	延	宣	存	著	域	展

2 × 10

合格者平均得点 17.2 / 20

10
エ

合格者平均得点 16.9 / 20

(十) 同じ読みの漢字 (20)

1	2	3	4	5	6	7	8	9	10
値	音	批	肥	障	傷	増	蔵	閣	覚

2 × 10

合格者平均得点 15.8 / 20

13	14	15	16	17	18	19	20
拝	聖火	刻	将来	遊覧	推進	簡潔	善

合格者平均得点 33.7 / 40

学習日　月　日

/200

(一) 読み (20)

1	2	3	4	5	6	7	8	9	10	11	12
そ	ちいき	つくえ	つと	かし	しお	ひきょう	まいばん	うちわけ	ちょめい	がいろじゅ	あぶ

1×20

(二) 部首と部首名（記号） (10)

1	2	3	4	5	6	7	8	9	10
く	キ	い	ウ	か	ケ	き	イ	お	コ

1×10

合格者平均得点 9.1／10

(四) 漢字と送りがな（ひらがな） (10)

1	2	3	4	5
幼い	並べる	垂らす	乱れる	拝む

2×5

合格者平均得点 8.8／10

(五) 音と訓（記号） (20)

1	2	3	4
ウ	エ	ウ	イ

2×10

(六) 四字の熟語（一字） (20)

1	2	3	4	5	6	7	8	9	10
己	骨	射	宇	欲	延	脳	専	機	郵

2×10

合格者平均得点 16.5／20

(八) 熟語作り（記号） (10)

1	2	3	4	5
イ	ク	カ	ア	キ
コ	オ	ウ	エ	ケ

2×5

合格者平均得点 9.2／10

(九) 熟語の構成（記号） (20)

1	2	3	4	5	6	7	8	9
エ	ウ	ア	イ	エ	ア	ウ	イ	エ

2×10

(十) 漢字 (40)

1	2	3	4	5	6	7	8	9	10	11	12
姿	盛	胸	沿	映	牛乳	暮	厳	訪問	誕生	簡潔	服装

2×20

20	19	18	17	16	15	14	13
かたあし	ひひょう	とたうっとと	おぎな	かくちょう	せいか	すじ	じゅく

合格者平均得点 18.9/20

(三) 画数（算用数字）(10)

10	9	8	7	6	5	4	3	2	1
13	6	10	3	11	7	14	1	6	3

1×10

合格者平均得点 8.8/10

10	9	8	7	6	5
エ	ア	ウ	イ	ア	ア

合格者平均得点 13.4/20

(七) 対義語・類義語（一字）(20)

10	9	8	7	6	5	4	3	2	1
寸	誠	激	亡	割	朗	密	臨	奮	模

2×10

合格者平均得点 16.9/20

10
イ

合格者平均得点 16.5/20

(十) 同じ読みの漢字 (20)

10	9	8	7	6	5	4	3	2	1
辞	磁	帰	揮	衆	就	原	腹	経	警

2×10

合格者平均得点 15.4/20

20	19	18	17	16	15	14	13
論	展覧	認	創立	従	巻	看板	故障

合格者平均得点 33.8/40

学習日 月 日

/200

5級 試験問題 5 標準解答【本冊32～35ページ】

(一) 読み (20) 1×20

1	2	3	4	5	6	7	8	9	10	11	12
じゅく	まいすう	も	ほうりつ	おさ	じょうはつ	わけ	みと	こくもつ	ぶしょう	じゅうだん	ちょめい

(二) 部首と部首名(記号) (10) 1×10

1	2	3	4	5	6	7	8	9	10
え	ケ	か	キ	こ	イ	き	ウ	い	エ

合格者平均得点 9.1／10

(四) 漢字と送りがな(ひらがな) (10) 2×5

1	2	3	4	5
洗う	閉じる	厳しい	従う	垂れる

合格者平均得点 9.0／10

(五) 音と訓(記号) (20) 2×10

1	2	3	4
イ	ア	ウ	ア

(六) 四字の熟語(一字) (20) 2×10

1	2	3	4	5	6	7	8	9	10
臨	射	創	絶	宅	衆	革	党	延	異

合格者平均得点 17.0／20

(八) 熟語作り(記号) (10) 2×5

1	2	3	4	5
イ	オ	カ	キ	ア
ク	ウ	エ	ケ	コ

合格者平均得点 9.1／10

(九) 熟語の構成(記号) (20) 2×10

1	2	3	4	5	6	7	8	9
ア	ウ	イ	エ	イ	ウ	エ	イ	エ

(十) 漢字 (40) 2×20

1	2	3	4	5	6	7	8	9	10	11	12
机	縮	呼吸	座席	株	映	幼	姿勢	裁	危	値段	補

20	19	18	17	16	15	14	13
あな	ふる	てっきん	ないかく	あやま	げんせん	ちゅうがえ	いただき

合格者平均得点 18.9/20

（三）画数（算用数字）（10）　1×10

10	9	8	7	6	5	4	3	2	1
9	5	4	1	11	8	12	9	15	4

合格者平均得点 8.7/10

10	9	8	7	6	5
ア	ウ	エ	イ	ウ	エ

合格者平均得点 12.9/20

（七）対義語・類義語（一字）（20）　2×10

10	9	8	7	6	5	4	3	2	1
背	展	揮	幕	論	密	善	純	権	痛

合格者平均得点 17.1/20

10
ア

合格者平均得点 16.6/20

（十）同じ読みの漢字（20）　2×10

10	9	8	7	6	5	4	3	2	1
境	郷	署	初	覧	乱	備	供	告	刻

合格者平均得点 15.7/20

20	19	18	17	16	15	14	13
暮	貴重	優勝	疑問	朗読	骨	視界	規模

合格者平均得点 34.5/40

学習日　月　日

／200

(一) 読み (20) 1×20

1	2	3	4	5	6	7	8	9	10	11	12
そ	たず	しんぞう	た	じょうき	こっせつ	あやま	わか	がいろじゅ	けいとう	せいたん	こうそう

(二) 部首と部首名（記号） (10) 1×10

1	2	3	4	5	6	7	8	9	10
い	エ	く	カ	け	オ	こ	ア	お	コ

合格者平均得点 9.5/10

(四) 漢字と送りがな（ひらがな） (10) 2×5

1	2	3	4	5
暮れる	並ぶ	難しい	拝む	預ける

合格者平均得点 8.2/10

(五) 音と訓（記号） (20) 2×10

1	2	3	4
ウ	ア	エ	イ

(六) 四字の熟語（一字） (20) 2×10

1	2	3	4	5	6	7	8	9	10
刻	源	模	郵	密	混	域	朗	革	磁

合格者平均得点 17.4/20

(八) 熟語作り（記号） (10) 2×5

1	2	3	4	5
コ	オ	エ	ケ	キ
ク	ウ	ア	カ	イ

合格者平均得点 9.2/10

(九) 熟語の構成（記号） (20) 2×10

1	2	3	4	5	6	7	8	9
イ	ア	イ	ウ	エ	ア	ア	ウ	エ

(十) 漢字 (40) 2×20

1	2	3	4	5	6	7	8	9	10	11	12
泉	株	忘	拡張	幕	射	胸	服装	宣言	済	故障	厳

13	14	15	16	17	18	19	20
みだ	うちわけ	せいか	ゆうし	よ	し	ちょうしゃ	あな

合格者平均得点 18.8/20

(三) 画数（算用数字）(10) 1×10

1	2	3	4	5	6	7	8	9	10
10	12	9	10	6	8	4	11	8	13

合格者平均得点 8.9/10

5	6	7	8	9	10
ア	ウ	エ	イ	ウ	ア

合格者平均得点 14.3/20

(七) 対義語・類義語（一字）(20) 2×10

1	2	3	4	5	6	7	8	9	10
縦	片	視	臨	善	亡	創	宅	展	賃

合格者平均得点 16.9/20

10
イ

合格者平均得点 16.5/20

(十) 同じ読みの漢字 (20) 2×10

1	2	3	4	5	6	7	8	9	10
段	暖	簡	慣	供	共	再	裁	糖	読

合格者平均得点 16.0/20

13	14	15	16	17	18	19	20
冷蔵	疑	演奏	敬語	担当	納税	遊覧	宝

合格者平均得点 34.0/40

学習日 月 日

/200

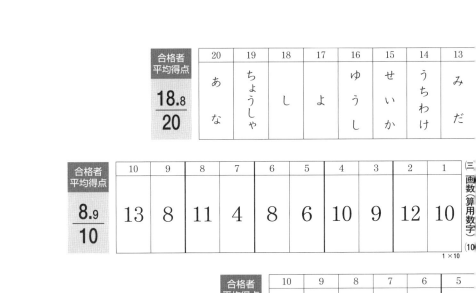

(一) 読み (20)

1	2	3	4	5	6	7	8	9	10	11	12
ふ	たず	そうりつ	きぬ	はっき	ばんねん	おぎな	みと	がいろじゅ	まど	こくもつ	はいかん

1×20

(二) 部首と部首名（記号） (10)

1	2	3	4	5	6	7	8	9	10
い	ウ	あ	カ	け	エ	か	ア	こ	キ

1×10

合格者平均得点 9.1／10

(四) 漢字と送りがな（ひらがな） (10)

1	2	3	4	5
乱れる	幼い	従う	預ける	困る

2×5

合格者平均得点 8.4／10

(五) 音と訓（記号） (20)

1	2	3	4
ア	ウ	イ	ウ

2×10

(六) 四字の熟語（一字） (20)

1	2	3	4	5	6	7	8	9	10
吸	命	宙	遺	射	善	劇	署	装	敵

2×10

合格者平均得点 16.5／20

(八) 熟語作り（記号） (10)

1	2	3	4	5
コ	ウ	エ	ア	イ
キ	オ	カ	ク	ケ

2×5

合格者平均得点 9.5／10

(九) 熟語の構成（記号） (20)

1	2	3	4	5	6	7	8	9
イ	ウ	イ	エ	ア	ア	エ	イ	エ

2×10

(十) 漢字 (40)

1	2	3	4	5	6	7	8	9	10	11	12
班	頂	染	乳	高層	若者	頭脳	洗	干	推理	忘	優勝

2×20

13	14	15	16	17	18	19	20
きりつ	めんみつ	しゅうきょう	きび	いたた	たてが	りんじ	あな

合格者平均得点 19.0 / 20

(三) 画数（算用数字）(10)

1	2	3	4	5	6	7	8	9	10
7	8	7	10	3	5	4	10	1	11

1×10

合格者平均得点 8.7 / 10

5	6	7	8	9	10
エ	ア	イ	ア	ウ	エ

合格者平均得点 14.6 / 20

(七) 対義語・類義語（一字）(20)

1	2	3	4	5	6	7	8	9	10
宅	延	暖	裏	誕	論	翌	宣	域	貴

2×10

合格者平均得点 16.6 / 20

10
ウ

合格者平均得点 16.8 / 20

(十) 同じ読みの漢字 (20)

1	2	3	4	5	6	7	8	9	10
児	磁	郷	供	拡	確	映	写	件	券

2×10

合格者平均得点 16.4 / 20

13	14	15	16	17	18	19	20
就任	姿勢	散策	除	展覧	訳	独奏	捨

合格者平均得点 33.4 / 40

学習日　月　日

/200

5級 試験問題 8 標準解答【本冊44～47ページ】

(一) 読み (20)

1	2	3	4	5	6	7	8	9	10	11	12
お	す	じこ	しお	さが	かいこ	りゅういき	かいかく	こうてつ	まど	あやま	そな

1×20

(二) 部首と部首名（記号） (10)

1	2	3	4	5	6	7	8	9	10
く	コ	か	ケ	い	エ	こ	ア	あ	キ

1×10

合格者平均得点 8.6／10

(四) 漢字と送りがな（ひらがな） (10)

1	2	3	4	5
染まる	忘れる	閉じる	拝む	厳しく

2×5

合格者平均得点 8.6／10

(五) 音と訓（記号） (20)

1	2	3	4
ア	ウ	エ	イ

2×10

(六) 四字の熟語（一字） (20)

1	2	3	4	5	6	7	8	9	10
座	密	源	針	射	呼	郷	株	補	賛

2×10

合格者平均得点 17.0／20

(八) 熟語作り（記号） (10)

1	2	3	4	5
ケ	キ	オ	ア	ウ
エ	イ	コ	カ	ク

2×5

合格者平均得点 9.5／10

(九) 熟語の構成（記号） (20)

1	2	3	4	5	6	7	8	9
エ	イ	ア	エ	ウ	エ	ウ	イ	ウ

2×10

(十) 漢字 (40)

1	2	3	4	5	6	7	8	9	10	11	12
冊	頂上	乱	認	観衆	卵	脳	危	縦	俳句	政党	泉

2×20

13	14	15	16	17	18	19	20
うちわけ	けいご	かいまく	ちゅう	えんどう	おさ	こうそう	じぞう

合格者平均得点 18.5/20

(三) 画数(算用数字) (10)

1	2	3	4	5	6	7	8	9	10
3	5	8	15	9	10	4	7	3	10

1×10

合格者平均得点 9.0/10

5	6	7	8	9	10
ア	ウ	エ	ウ	ア	イ

合格者平均得点 13.4/20

(七) 対義語・類義語(一字) (20)

1	2	3	4	5	6	7	8	9	10
片	段	痛	減	裏	論	宅	就	盟	誠

2×10

合格者平均得点 16.6/20

10
ア

合格者平均得点 16.9/20

(十) 同じ読みの漢字 (20)

1	2	3	4	5	6	7	8	9	10
腹	原	警	経	拡	覚	揮	起	操	装

2×10

合格者平均得点 15.7/20

13	14	15	16	17	18	19	20
郵便	穀物	胸	散策	巻末	疑	傷	宝

合格者平均得点 32.8/40

学習日 月 日

/200

(一) 読み (20) 1×20

1	2	3	4	5	6	7	8	9	10	11	12
かぶ	そうりつ	ほ	したが	かた	いた	がいろじゅ	た	ちょしゃ	きんりょく	いただき	じゅんしん

(二) 部首と部首名(記号) (10) 1×10

1	2	3	4	5	6	7	8	9	10
お	コ	け	ア	く	ウ	い	キ	か	エ

合格者平均得点 9.5／10

(四) 漢字と送りがな(ひらがな) (10) 2×5

1	2	3	4	5
並ぶ	染める	幼い	乱れる	補う

合格者平均得点 9.0／10

(五) 音と訓(記号) (20) 2×10

1	2	3	4
ア	ウ	ア	エ

(六) 四字の熟語(一字) (20) 2×10

1	2	3	4	5	6	7	8	9	10
吸	暖	模	専	論	域	署	得	郵	揮

合格者平均得点 17.3／20

(八) 熟語作り(記号) (10) 2×5

1	2	3	4	5
コ	エ	オ	ア	ケ
イ	カ	ウ	ク	キ

合格者平均得点 9.5／10

(九) 熟語の構成(記号) (20) 2×10

1	2	3	4	5	6	7	8	9
ウ	ア	ウ	イ	エ	ア	エ	ウ	イ

(十) 漢字 (40) 2×20

1	2	3	4	5	6	7	8	9	10	11	12
宇宙	胸	呼	割	裁	劇	盛	翌日	尺八	捨	改装	展覧

合格者平均得点 19.0/20

20	19	18	17	16	15	14	13
せなか	ばんしゅう	ふる	たいようけい	おうざ	めんみつ	ちぢ	こくもつ

(三) 画数(算用数字) (10)

合格者平均得点 9.2/10

10	9	8	7	6	5	4	3	2	1
18	13	16	5	6	2	9	8	12	5

1×10

合格者平均得点 14.6/20

10	9	8	7	6	5
ア	イ	エ	ウ	ウ	イ

(七) 対義語・類義語(一字) (20)

合格者平均得点 17.7/20

10	9	8	7	6	5	4	3	2	1
賃	宣	末	刻	亡	疑	異	段	臨	簡

2×10

合格者平均得点 17.2/20

10
イ

(十) 同じ読みの漢字 (20)

合格者平均得点 16.4/20

10	9	8	7	6	5	4	3	2	1
池	値	努	勤	担	探	観	看	遺	位

2×10

合格者平均得点 34.2/40

20	19	18	17	16	15	14	13
善	骨折	預	故障	沿	忘	俳句	訳

学習日 月 日

/200

(一) 読み (20) 1×20

1	2	3	4	5	6	7	8	9	10	11	12
あなば	さが	よ	しゃそう	あやま	ひひょう	す	たんじょう	そうさ	ちゅうふく	しょうじ	まく

(二) 部首と部首名(記号) (10) 1×10

1	2	3	4	5	6	7	8	9	10
こ	エ	あ	カ	い	ケ	き	ウ	お	コ

合格者平均得点 8.7/10

(四) 漢字と送りがな(ひらがな) (10) 2×5

1	2	3	4	5
割れる	映る	厳しい	認める	拝む

合格者平均得点 8.5/10

(五) 音と訓(記号) (20) 2×10

1	2	3	4
ア	エ	ア	イ

(六) 四字の熟語(一字) (20) 2×10

1	2	3	4	5	6	7	8	9	10
処	誌	骨	宇	郵	討	晩	危	欠	模

合格者平均得点 16.5/20

(八) 熟語作り(記号) (10) 2×5

1	2	3	4	5
カ	オ	ウ	ア	キ
エ	コ	ケ	ク	イ

合格者平均得点 9.2/10

(九) 熟語の構成(記号) (20) 2×10

1	2	3	4	5	6	7	8	9
イ	ア	エ	ウ	イ	エ	ウ	ア	ウ

(十) 漢字 (40) 2×20

1	2	3	4	5	6	7	8	9	10	11	12
並	姿	幼	座席	刻	我	染	看護	絹糸	難	専門	発揮

20	19	18	17	16	15	14	13
く	さいばんかん	ふんき	きたく	えんそう	しおかぜ	ちょうしゃ	い

合格者平均得点 19.0/20

(三) 画数(算用数字)(10) 1×10

10	9	8	7	6	5	4	3	2	1
15	9	14	8	15	4	8	7	13	2

合格者平均得点 8.9/10

10	9	8	7	6	5
イ	ウ	ア	ウ	エ	ウ

合格者平均得点 14.5/20

(七) 対義語・類義語(一字)(20) 2×10

10	9	8	7	6	5	4	3	2	1
盟	策	背	告	簡	臨	疑	片	秘	縮

合格者平均得点 17.2/20

10
イ

合格者平均得点 17.3/20

(十) 同じ読みの漢字(20) 2×10

10	9	8	7	6	5	4	3	2	1
効	降	造	蔵	傷	将	己	故	根	値

合格者平均得点 15.7/20

20	19	18	17	16	15	14	13
論	温暖	乱	担任	高層	供	推進	政党

合格者平均得点 33.9/40

学習日 月 日

/200

(一) 読み (20) 1×20

1	2	3	4	5	6	7	8	9	10	11	12
うつ	ないかく	こしょう	かたあし	た	くびすじ	おさな	じょうそう	そな	ひけつ	しゅうきょう	かわぞ

(二) 部首と部首名（記号） (10) 1×10

1	2	3	4	5	6	7	8	9	10
く	ケ	か	オ	え	コ	き	イ	あ	ウ

合格者平均得点 9.0 / 10

(四) 漢字と送りがな（ひらがな） (10) 2×5

1	2	3	4	5
難しい	暮れる	並ぶ	済ます	預ける

合格者平均得点 8.2 / 10

(五) 音と訓（記号） (20) 2×10

1	2	3	4
ア	ウ	イ	ア

(六) 四字の熟語（一字） (20) 2×10

1	2	3	4	5	6	7	8	9	10
秘	疑	論	専	遺	臓	磁	衆	単	警

合格者平均得点 16.9 / 20

(八) 熟語作り（記号） (10) 2×5

1	2	3	4	5
ク	ケ	ウ	オ	カ
コ	キ	ア	イ	エ

合格者平均得点 9.2 / 10

(九) 熟語の構成（記号） (20) 2×10

1	2	3	4	5	6	7	8	9
ウ	エ	ア	イ	ア	エ	ア	イ	エ

(十) 漢字 (40) 2×20

1	2	3	4	5	6	7	8	9	10	11	12
姿	乳	骨	泉	貴重	棒	派手	従	訳	拡張	朗読	延期

20	19	18	17	16	15	14	13
かぶ	はい	きょうり	れいぞう	かんけつ	とうとつ	ちそう	いよく

合格者平均得点 19.0/20

(三) 画数（算用数字）(10)

10	9	8	7	6	5	4	3	2	1
14	1	11	7	10	8	6	4	6	2

1×10

合格者平均得点 9.1/10

10	9	8	7	6	5
エ	ウ	イ	ア	ウ	エ

合格者平均得点 14.5/20

(七) 対義語・類義語（一字）(20)

10	9	8	7	6	5	4	3	2	1
優	樹	己	値	割	背	革	臨	未	縦

2×10

合格者平均得点 16.7/20

10
ウ

合格者平均得点 16.1/20

(十) 同じ読みの漢字 (20)

10	9	8	7	6	5	4	3	2	1
副	腹	系	径	制	聖	覧	乱	潮	塩

2×10

合格者平均得点 15.6/20

20	19	18	17	16	15	14	13
忘	危険	捨	包装	拝	頭脳	誕生	異

合格者平均得点 33.7/40

学習日 月 日

/200

5級 試験問題 12 標準解答【本冊60〜63ページ】

(一) 読み (20) 1×20

1	2	3	4	5	6	7	8	9	10	11	12
と　ど	す	たんじょうび	く	わ　け	けいとう	そうせつ	ちいき	き　ぬ	い	わ　か	ふ　る

(二) 部首と部首名（記号）(10) 1×10

1	2	3	4	5	6	7	8	9	10
お	カ	こ	ア	く	ケ	き	ウ	え	イ

(四) 漢字と送りがな（ひらがな）(10) 2×5

1	2	3	4	5
痛い	忘れる	垂らす	従える	敬う

(五) 音と訓（記号）(20) 2×10

1	2	3	4
イ	ウ	ア	エ

(六) 四字の熟語（一字）(20) 2×10

1	2	3	4	5	6	7	8	9	10
宇	座	論	吸	担	針	暖	有	延	存

(八) 熟語作り（記号）(10) 2×5

1	2	3	4	5
ケ	イ	ク	カ	コ
キ	オ	ア	エ	ウ

(九) 熟語の構成（記号）(20) 2×10

1	2	3	4	5	6	7	8	9
エ	イ	ウ	ア	イ	ウ	ア	ウ	エ

(十) 漢字 (40) 2×20

1	2	3	4	5	6	7	8	9	10	11	12
窓	並	盛	私	専門	憲法	胸	対策	拡張	石段	泉	推進

20	19	18	17	16	15	14	13
われ	ちょうしゃ	いた	ちぢ	ようさい	しょうじ	のうぜい	たいいん

(三) 画数（算用数字）(10)

10	9	8	7	6	5	4	3	2	1
4	2	12	8	7	4	6	1	8	5

1 × 10

10	9	8	7	6	5
イ	ウ	ア	エ	ア	ウ

(七) 対義語・類義語（一字）(20)

10	9	8	7	6	5	4	3	2	1
展	翌	宣	著	割	可	異	干	臨	模

2 × 10

10
イ

(十) 同じ読みの漢字 (20)

10	9	8	7	6	5	4	3	2	1
努	勤	樹	授	補	保	腹	復	訪	宝

2 × 10

20	19	18	17	16	15	14	13
善	除	拝	装置	厳	株	価値	密度

学習日
月　日
／200

(一) 読み (20) 1×20

1	2	3	4	5	6	7	8	9	10	11	12
ゆうしょう	まいすう	じょうき	した	あな	さんさく	こうてつ	きんりょく	しゅうきょう	し	とうじ	ふ

(二) 部首と部首名（記号） (10) 1×10

1	2	3	4	5	6	7	8	9	10
い	カ	お	コ	け	ア	え	イ	き	ケ

(四) 漢字と送りがな（ひらがな） (10) 2×5

1	2	3	4	5
捨てる	若く	疑う	勤める	済ます

(五) 音と訓（記号） (20) 2×10

1	2	3	4
イ	ウ	ア	エ

(六) 四字の熟語（一字） (20) 2×10

1	2	3	4	5	6	7	8	9	10
己	映	遺	宅	郵	操	宣	純	劇	挙

(八) 熟語作り（記号） (10) 2×5

1	2	3	4	5
オ	エ	ア	コ	イ
ウ	カ	ク	キ	ケ

(九) 熟語の構成（記号） (20) 2×10

1	2	3	4	5	6	7	8	9
ウ	ア	イ	エ	ア	ウ	エ	ア	イ

(十) 漢字 (40) 2×20

1	2	3	4	5	6	7	8	9	10	11	12
紅白	牛乳	呼	洗	幼	染	拝	裏庭	刻	並	俳句	乱

13	14	15	16	17	18	19	20
きび	ゆうらんせん	したが	よ	とうろん	すいしん	わけ	すがた

(三) 画数（算用数字）(10)

1	2	3	4	5	6	7	8	9	10
2	14	7	12	7	10	8	9	6	10

1×10

5	6	7	8	9	10
ア	ウ	ア	ウ	イ	エ

(七) 対義語・類義語（一字）(20)

1	2	3	4	5	6	7	8	9	10
暖	縮	権	派	縦	激	告	翌	展	異

2×10

10
ウ

(十) 同じ読みの漢字 (20)

1	2	3	4	5	6	7	8	9	10
警	敬	簡	完	共	供	衆	就	重	頂

2×10

13	14	15	16	17	18	19	20
補	視界	巻	独奏	故障	模型	価値	棒

学習日
月　日

/200

(一) 読み (30) 1×30

1	2	3	4	5	6	7	8	9	10	11	12	13	14	15	16	17
えっとう	じゅれい	たんねん	ちえ	どうせい	ばきゃく	けいかい	ちんじゅう	くのう	そくざ	たんれい	こちょう	かいもく	すんか	きい	とうたつ	びび

(二) 同音・同訓異字 (30) 2×15

合格者平均得点 27.1/30

1	2	3	4	5	6	7	8	9	10	11	12	13	14	15
ウ	イ	ア	オ	ウ	ア	ウ	エ	イ	オ	エ	イ	イ	エ	ウ
巨	去	拠	透	盗	踏	騒	操	僧	肪	冒	帽	採	泊	執

(四) 熟語の構成 (20) 2×10

合格者平均得点 15.0/20

1	2	3	4	5	6	7	8	9	10
イ	エ	ア	イ	ウ	ア	ウ	ア	オ	エ

(六) 対義語・類義語 (20) 2×10

合格者平均得点 15.3/20

1	2	3	4	5	6	7	8	9	10
悲	熟	致	純	延	風	占	格	是	得

(八) 四字熟語 (20) 2×10

合格者平均得点 15.0/20

1	2	3	4	5	6	7	8	9	10
言	汚	刻	読	玉	旧	状	打	段	沈

(十) 書き取り (40) 2×20

1	2	3	4	5	6	7	8	9	10	11	12
和菓子	水滴	雷雲	普通	噴火	省略	看板	加減	瞬間	展示	惑星	唐突

合格者平均得点	30	29	28	27	26	25	24	23	22	21	20	19	18
27.2/30	むすこ	たけ	かたむ	たず	わた	がら	つつみ	かどで	にぶ	つ	へきめん	こんれい	もうれつ

(三) 漢字識別 (10) 2×5

合格者平均得点	5	4	3	2	1
8.7/10	ア 殖	キ 謡	カ 腕	エ 弾	オ 漫

(五) 部首 (10) 1×10

合格者平均得点	10	9	8	7	6	5	4	3	2	1
8.1/10	ア 石	エ 宀	ウ 衣	イ 月	ウ 皿	エ 心	ア 頁	イ 尸	ア 至	エ 殳

(七) 漢字と送りがな (10) 2×5

合格者平均得点	5	4	3	2	1
6.7/10	授ける	争っ	枯れる	鮮やかに	築か

(九) 誤字訂正 (10) 2×5

合格者平均得点		5	4	3	2	1
7.1/10	誤	専	憲	述	進	留
	正	先	権	術	真	流

学習日 月 日 ／200

合格者平均得点	20	19	18	17	16	15	14	13
29.6/40	霧	遅	触	軒並	経	朽	呼	導

● 5級受検者の年齢《ねんれい》層別割合（2019～2021年度）

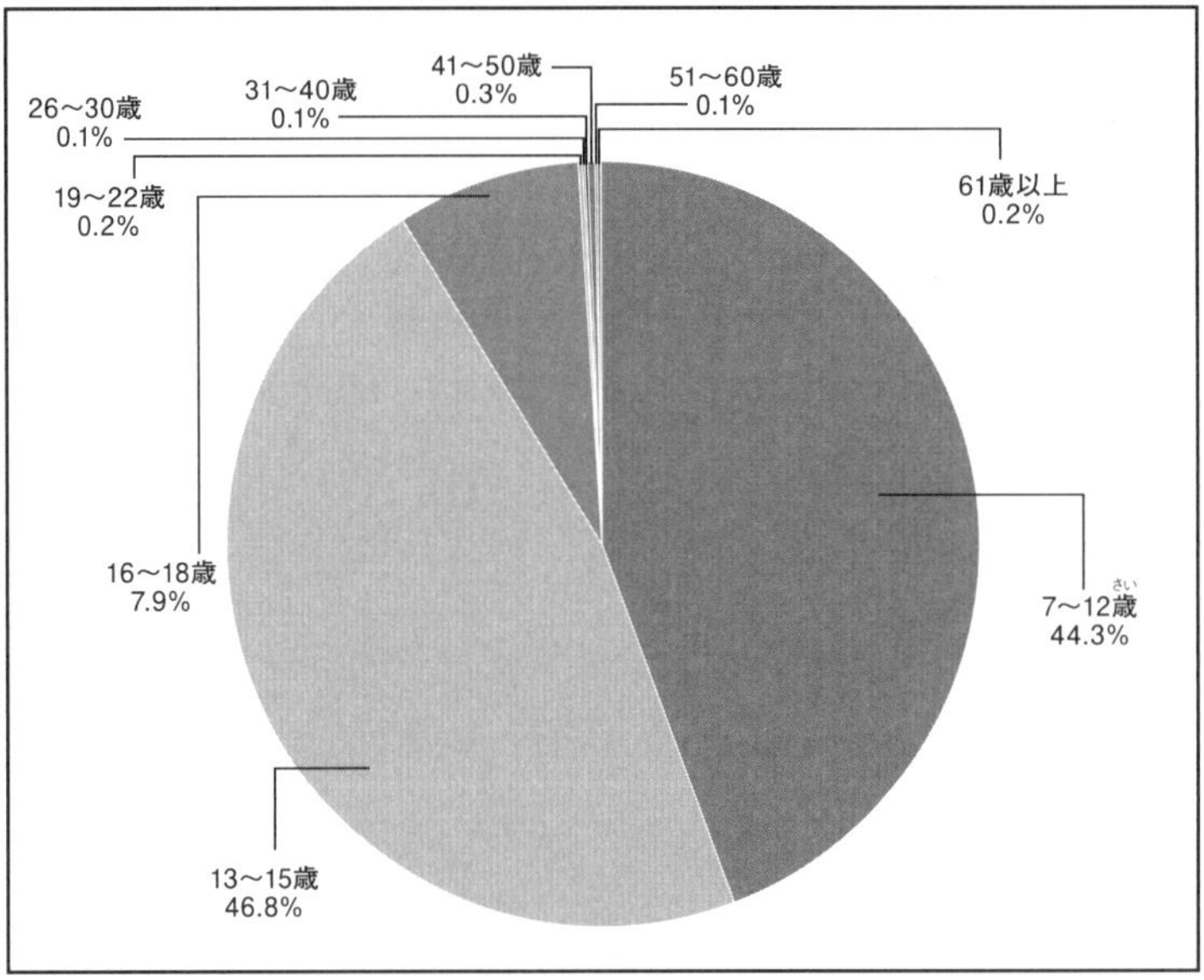

● 5級の設問項目《こうもく》別正答率（試験問題9）

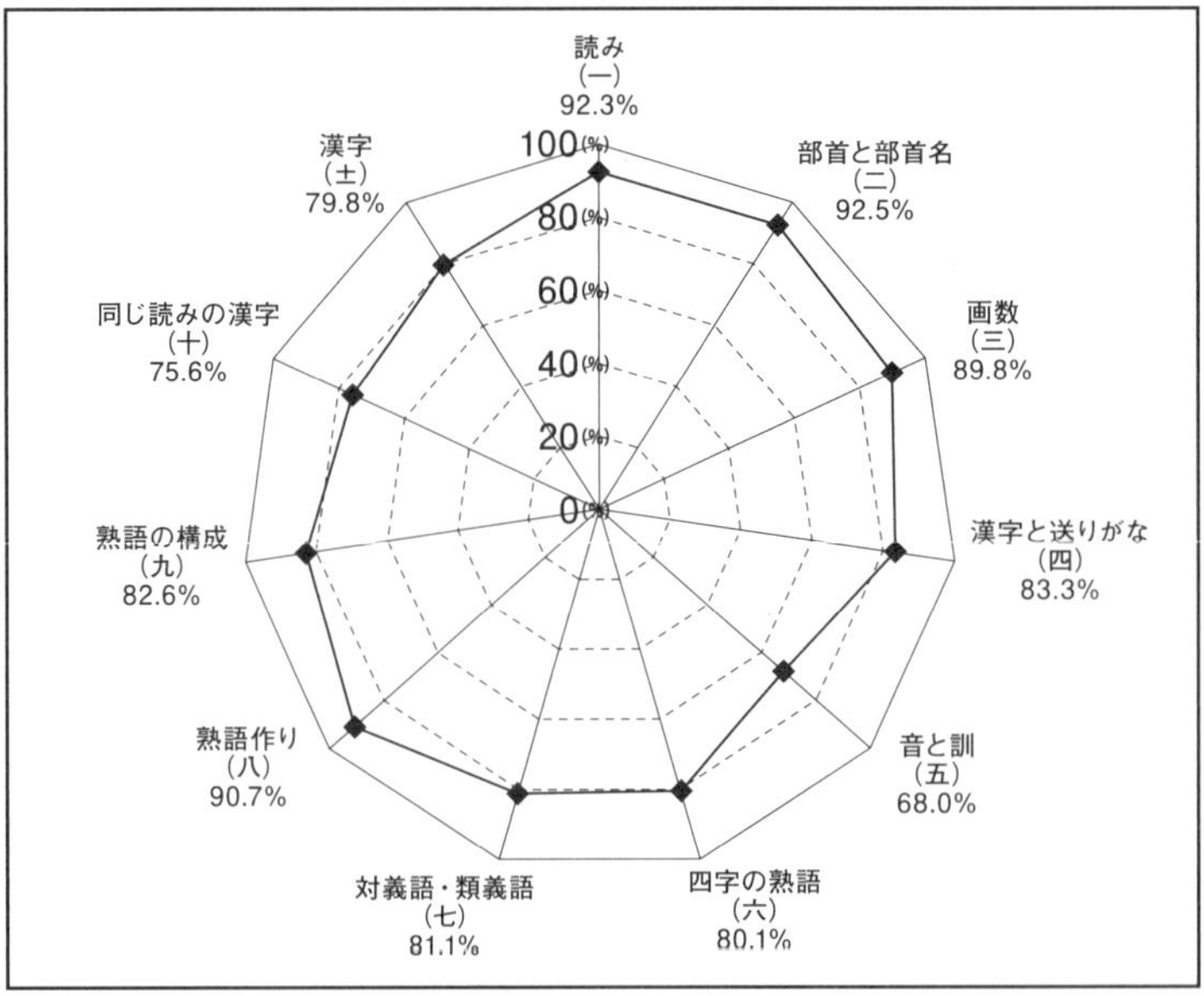

※(一)読み、(二)部首と部首名などの設問項目名は、標準解答のものと対応しています。